近世諸藩における財政改革
—— 濫觴編 ——

Mitsuhiro OFUCHI
大淵 三洋 著

八千代出版

はしがき

　筆者は、過去10年以上に渡り、近世諸藩の財政改革に関する論文を執筆してきた。近世、すなわち我が国の江戸時代の人々は、乳児のまま死亡したり、夭折したりする事が多かった。致命的な病気や外傷の種類は、現代よりはるかに多く、偶然の事情で、一生が左右される程度が大きかったといえよう。江戸時代の個々人の一生の長さは人それぞれであった。長命者は80年も生き、100歳に及ぶ者も存在したが、当時共有されていた寿命観でいえば、50年程度で世代を交代して、生死を継受していった。したがって、仮定をいくつか想定すれば、江戸時代に生きた人々の数を概算する事はできるかも知れないが、この期間を生きた人々の延べ数は、無数といってよいであろう。当時の世界において、ひとつのまとまった歴史社会が、このように多数の人口を有する事は、アジアを除けばほとんどなかったといえる。

　江戸時代は、1000万人以上の人口の濃密な社会を持続させた。数え切れないほどたくさんの人々が、生まれて亡くなった時代である。そして、江戸時代においては、身分と生業、男女と老若、富家と貧家、都市と農村等の所属の違いは、現代以上に個々人の人柄に共通性を与え、かつ違いを作り出す要素となった。藩主と領民の差異も相対化され、江戸時代の全体が、個体差を超えた社会意識として共有されていたと推考される。

　本書では、土佐藩、加賀藩、岡山藩、会津藩、琉球王朝、水戸藩及び和歌山藩の7つの事例を取り上げたが、諸藩の財政状況は様々で、その対応策も大きく異なっている。ただし、琉球王朝は、厳密にいうと藩とはいえないが、当時、薩摩藩と密接な関係を保有していたと考えられるので、あえて本書の対象とした。近世諸藩の財政改革を詳細に論じた著作は、皆無に近い。この意味において、本書は自余の類書と異なるものである、と思量する。

　日本大学にあって、中山靖夫先生に経済学の手ほどきを受けて以来、早くも40年近くの歳月が流れた。その後、日本大学大学院経済学研究科修士課程において、原亨先生に公債論、同博士課程において、林榮夫先生、井手文

雄先生のもとにて、本格的に財政学の指導を受けた。また、個人的に、杉原四郎先生より多くのご教示を賜った。今は、鬼籍の人となられた中山靖夫先生、原亨先生、林榮夫先生、井手文雄先生、杉原四郎先生の学恩に対して、深い感謝を捧げたいと思う。

　本書は、今までに発刊した著作に劣らず、苦渋の産物であった。自ら反省して、内心忸怩たるものがある。量的にも質的にも小著であり、論述において、充分に意を尽くしていないと見受けられる箇所もあろう。私自身、これを熟知している。筆者の「近世諸藩における財政改革の研究」は、著者の生涯を通じての研究成果のごく一部に過ぎない。向後、更に研究を発展させ、より高い頂を目指したいと愚考している。

　現代の財政改革及び財政再建に、多大な影響を与えた近世諸藩における財政改革の濫觴に関して、読者が本書によって、何らかのものを感じ取って頂ければ、大変幸甚である。

　最後となったが、拙いこの書の出版に当たり、八千代出版社長の森口恵美子氏及び編集担当の井上貴文氏に、絶大なるご支援、ご厚誼を頂戴し、心より厚く感謝する次第である。

　2018 年 3 月 30 日

静岡県伊豆にて

大淵　三洋

目　　次

はしがき　i

序　章　近世諸藩の財政状況 ……………………………………………… 1

第1章　野中兼山の財政改革（土佐藩）
　　　　——近世諸藩における財政改革の黎明者—— ……………… 13
　第1節　は じ め に　13
　第2節　野中兼山の生涯　14
　第3節　野中兼山以前の土佐藩の財政状況　19
　第4節　野中兼山の財政改革　22
　第5節　むすびにかえて　33

第2章　前田利常の財政改革（加賀藩）
　　　　——幕府の目を欺いた明君—— ………………………………… 37
　第1節　は じ め に　37
　第2節　前田利常の生涯　39
　第3節　前田利常以前の加賀藩の財政状況　46
　第4節　前田利常の財政改革　52
　第5節　むすびにかえて　59

第3章　池田光政の財政改革（岡山藩）
　　　　——仁政を敷いた明君—— ……………………………………… 63
　第1節　は じ め に　63
　第2節　池田光政の生涯　64
　第3節　池田光政の財政改革の思想的基盤　67
　第4節　池田光政以前の岡山藩の財政状況　70
　第5節　池田光政の財政改革　78
　第6節　むすびにかえて　82

第4章　保科正之の財政改革（会津藩）
　　　　——社会福祉制度の先駆者—— ………………………………… 85
　第1節　は じ め に　85

iv

　　第2節　保科正之の生涯　　86
　　第3節　保科正之以前の会津藩の財政状況　　91
　　第4節　保科正之の財政改革　　95
　　第5節　むすびにかえて　　102

第5章　羽地朝秀の財政改革〔琉球王朝〕
　　　　──外圧を利用して改革を推進した摂政── ……………………… 107
　　第1節　は じ め に　　107
　　第2節　羽地朝秀の生涯　　109
　　第3節　薩摩藩との関係と琉球王朝の財政状況　　112
　　第4節　羽地朝秀の財政改革　　118
　　第5節　むすびにかえて　　125

第6章　徳川光圀の財政改革〔水戸藩〕
　　　　──伝説化された明君── …………………………………… 129
　　第1節　は じ め に　　129
　　第2節　徳川光圀の生涯　　131
　　第3節　徳川光圀以前の水戸藩の財政状況　　134
　　第4節　徳川光圀の財政改革　　139
　　第5節　むすびにかえて　　146

第7章　徳川吉宗の財政改革〔和歌山藩〕
　　　　──紀州の麒麟と呼ばれた明君── ……………………………… 149
　　第1節　は じ め に　　149
　　第2節　徳川吉宗の生涯　　151
　　第3節　徳川吉宗以前の和歌山藩の財政状況　　154
　　第4節　徳川吉宗の財政改革　　158
　　第5節　むすびにかえて　　165

参考文献目録　　169
人 名 索 引　　183
事 項 索 引　　186
著 者 紹 介　　193

序　章

近世諸藩の財政状況

　本書の書名の冒頭にある「近世」（modern age；early modern）とは、ヨーロッパ史においては、ルネサンス（Renaissance；Rinascimento）から絶対王政期を意味する。しかし、日本史における近世という時代の範囲は簡単に論ずる事はできない。論じ始めると世界史にまたがる難解な問題（時代区分論）に直面する。近世の位置づけについて、いくつかの見解が存在するのは事実である。しかし、本書で用いる近世は、乱から治への転換を終えて「幕藩体制」と呼ばれる仕組みの下に置かれた江戸時代（Edo period）を中心に、事柄によっては、多少前後させた時代幅を指す事にする。近世、換言するならば、江戸時代は、関ヶ原の戦い後、徳川家康が征夷大将軍に就任し、江戸に幕府を開いた1603（慶長8）年に始まり、1867（慶応3）年に15代将軍の徳川慶喜が大政奉還するまでの265年間と解釈する。これは、我が国における一般的解釈といってよいであろう。九州大学名誉教授の中野三敏氏によれば、以下のように3つに時代区分できる[1]。

　（1）江戸前期（1603年〜1715年〔慶長8年〜正徳5年〕までの113年間）
　（2）江戸中期（1716年〜1800年〔享保元年〜寛政12年〕までの85年間）
　（3）江戸後期（1801年〜1867年〔享和元年〜慶応3年〕までの67年間）

　しかし、本書は江戸中期を設けず、徳川吉宗の「享保の改革」を分水嶺として、次のように江戸時代を2つに分類する事とした。その理由は、江戸時代の財政改革を論じる上で、享保の改革が、絶対的意義を有しているからである。

（1）江戸前期（財政改革の濫觴期　1603年～1716年〔慶長8年～享保元年〕まで
　　の114年間）

（2）江戸後期（財政改革の燎原期　1717年～1867年〔享保2年～慶応3年〕まで
　　の151年間）

　本書は、江戸前期、すなわち、財政改革の濫觴期を研究対象としている。

　我々は、江戸時代の人々が現代と同じ人間だと見なしている。すなわち、
江戸時代に背景を借りた映画や番組の中には、江戸時代だからというのでは
なく、人間の普遍性を描くための状況として、江戸時代を借りているものが
多いといえよう。他方、我々は、江戸時代固有の環境の中で、人間の倫理や、
行動論理を描いた作品群が存在する事も熟知している。江戸時代は、高い経
済成長が見られる時代であるが、農業と商業の生み出した富を武士階級が吸
い上げる事ができず、武士階級、すなわち、各藩が貧窮化していった時代と
把握する事が可能である。武士階級が擁護されていたという認識には、修正
が必要であろう。

　江戸時代の制度は、極めて複雑である。まず政治制度としては、中央政府
である徳川幕府と、地方自治体である諸藩の二重構造になっていた。幕府は、
中央集権を目指し、諸藩は、地方自治を目指して活動していた。こうした二
重構造が、財政制度にも影響を及ぼした。江戸時代、徳川幕府をはじめ諸藩
の大名は、経済の基盤を米に置いていた。換言するならば、毎年、大坂 2)
の堂島で立てられる米相場によって、収入が量られた。当時の総人口は約
3000万人であり、一人当たりの年間生活費は米1石と考えられていた。米
は年貢の主税とされていたのである。米の生産量は、年に600万石から800
万石といわれていた。諸藩の中でも、大大名といわれていた加賀藩が100
万石である。徳川幕府の収入は、加賀藩の約6倍から8倍であり、同時に、
それが中央政府の運営資金になっていた。一方、諸藩は、現在でいう「10
割自治」であり、徳川幕府の財政とは全く関係なく、自藩で必要とする収入
を自ら調達せざるを得なかった。当然の事ながら、地場産業の振興による資
金調達が主な任務となった。したがって、政治的には、諸藩は徳川幕府の管

理下に置かれたが、財政的には、完全に独立した存在であった。すなわち、原則として、諸藩が財政的に困窮したとしても、徳川幕府はそれに関与しない。仮に財政赤字が生じても、何ら財政的補助はなかった。そればかりか、徳川幕府は、諸藩の財政を厳しく制限するために、参勤交代と手伝普請の制度を設けて、諸藩の収入の削減を試みたのである。参勤交代は、諸藩にとって、国元と江戸における二重生活を余儀なくされ、費用は嵩む一方であった。

　武士階級は、農民が生産した米を年貢として徴収し、それを貨幣に換えて生活を賄っていた。しかし、農業経済は自給自足の時代なら通用するが、太平の世になって、消費が増大すると欠陥を露呈した。天候や災害に左右される米の収穫は、年によって出来、不出来がある。不安定な財源を基盤とした諸藩の財政が行き詰まるのは、時間の問題であった。城下町に住む武士階級は、完全に非生産者となり、年貢を確保するために、農民に最低限度の生活を強いたが、農民は重い年貢に耐えて、農業技術の改良等で、商品作物の栽培や加工により、経済的な自立を図っていった。米中心の生産から、市場を中心とした商品生産への変化は、諸藩の経済状況に、大きな影響を与える事となったのである。商品の生産が、農作物の栽培の段階に留まっていれば、これを米の生産量に比較換算して、年貢を課する事もできたであろう。しかし、綿から綿糸、綿織物、菜種から染料等の商品作物を原料とする加工業は、米の生産量では量り切れなくなる。それと同時に、農民の一部は、半農半商として商人の問屋系列下に入るようになり、米経済は深刻化していった。1688 年から 1704 年の元禄年間を境にして、貨幣経済に圧倒されるようになったのである。更に、藩主達は、江戸と国元との二重生活を余儀なくされ、膨大な費用を必要とした。特に、元禄時代以降は、江戸藩邸の費用が増加し、極端な例では、年間収入の 7 割強が江戸で消費された藩も存在した。大名としての格式の維持や、大名同士の交際等による出費は留まるところを知らない。太平の江戸期は、独自の文化を創り出したが、諸藩の藩士や領民は、膨大な消費生活を支えるため、多くの労苦に耐えなければならなかった。加えて、それに伴う参勤交代や幕府の命じる手伝普請等によって、それまで蓄え

ていた財産を減らされていった。また、飢饉や天災が、諸藩の財政の根幹である農業を揺さぶり始めたのである。

　冒頭に、九州大学名誉教授の中野三敏氏によって、江戸時代は3期に区分されると記述したが、諸藩の財政が危機に瀕した時期、特に（2）の江戸中期以降になると、質素倹約の徹底、家臣の俸禄の減額、大坂、京都及び江戸をはじめとする大商人への借財、地場産業の振興と専売制等が中心と変わっていった。

　本書は、筆者の分類による江戸前期（財政改革の濫觴期）、換言するならば、いまだ諸藩の財政赤字が顕著になっていなかった時代における、諸藩の財政改革を対象としている。その結果、江戸後期（財政改革の燎原期）と比較して、江戸前期の主要な財政改革者は、比較的少ないといってよいであろう。向後、筆者は、江戸後期を対象とした『近世諸藩における財政改革──燎原編──』の執筆を予定している。本書及び次書の構成は、財政改革者の生年及び没年とは関係なく、主たる財政改革が実施された年度に配慮した事を明言しておく。

　ちなみに、藩とは、1868（明治元）年、旧幕府領に、府や県を置いたのに対して、旧大名領を呼んだ公称を意味する。1871（明治4）年には、廃藩置県が行われて、藩が消滅するので、正式には、僅か4年の存在でしかない。しかし、新井白石の『藩翰譜』にも記述されているように、江戸時代においても、藩を大名領や大名家中と呼ぶ事は一般化していた。これは中国の封建制度を見本として、諸大名を、幕府を守る藩屏になぞらえた事による命名である。

　幕府は、軍事権と外交権を持つ中央政府だが、各藩から上納を集める事はない。全国に点在する直轄地（幕領、400万石）からの年貢収入と長崎貿易、各地の鉱山及び貨幣の独占的鋳造権等がもたらす収入で幕政を賄った。一方、諸藩は石高に応じ、江戸や大坂の手伝普請に加え、大河川の治水工事等を命じられたが、藩内の年貢徴収率や法律を自分達で決め、よほどの悪政をしない限り、政務について干渉を受けない独立した存在であった。「石高」とは、その土地の農業生産力を米に換算して表示したものであり、また、田畑の租

税負担能力を示し、租税割当の基準となるものであった。石高は、1573年から1596年の天正・文禄の頃、豊臣秀吉の太閤検地を起源としている。

　日本全体が国と意識されるのは、幕末に尊皇攘夷思想が擡頭し、中央集権が模索されてからである。近世諸藩といっても、加賀藩前田家の100万余石と、その端数にも満たない1万石を僅かに超える小家とでは、藩としての規模において、同様に論ずる事はできないであろう。また、その地方の気候及び風土、生活習慣、制度及び文物に関しても、実に千差万別である。そうした中において、唯一、共通する事柄が存在した。それは、諸藩の財政困窮である。

　封建時代、社会の支配者であり、文化の程度が最も高く、自らの優位を誇った武家は、武家本位の立場から、「士農工商」の4階級を組織した。すなわち、四民制度である。この4階級の制度は、武士の独創ではなく、中国の古い制度を模倣したものである。我が国の先哲荻生徂徠は、「世界の総体を士農工商の四民に立て候ことも、古の聖人の御立て候ことにて、天地自然に四民これあり候にては御座なく候。農は田を耕して世界の人を養ひ、工は家器をつりて世界の人につかはせ、商は有無をかはして世界の人の手伝をなし、士はこれを治めて乱れぬやうにいたし候。各々その自らの役をのみ致し候へども、相互に助けあひて、一色かけ候ても、国土は立ち申さず候」3) と述べ、また、宝暦時代に岩垣光定が著した『商人生業鑑』にも「世に四民あり、士は上に仕へ下を治め、農は耕しをこととし、暑寒を厭はず身を苦しめ、良き米は地頭に納め、その糟を以て渡世とす。その恵ゆへ百姓は家永く続くなり。工は人のために工夫をこらし、細工を仕立て、これを糧として一生を暮し、人のために精魂を尽す。商は商ものを仕込み、諸方の用を弁じ、その内にて纔かの利分を取りて渡世の糧とす。身には鹿服を著、鹿食を食し暮すべし。山賊は木を樵り、杣は材木を出し、船頭は人のために大海の波をしのぎ、命をかけて渡世とし、漁父はすなどり、渡守は舟を渡し、そのほか互に助け合ひ世を渡る」4) と記されている。すなわち、四民が天職に従って、その分を越える事なく、相互扶助をする事により、社会の秩序は維持されるのである。また、これにより、武士の優位も保証されていた。

しかし、貨幣経済の発達により、四民の最下位の位しか有しなかった商人は、その貨幣を武器として、世の中において巨大な力を持つ存在になっていった。幕府は勿論の事、旗本、陪臣及び諸藩に至るまで、商人に依存せざるを得ない状態となったのである。本書で研究対象とした諸藩が、財政逼迫となった原因もまた、近世における貨幣経済の発達の当然の結果であると推考される。

財政の鉄則として、「入るを量って、出づるを制する」（量入制出原則）[5]が存在する。しかしながら、武士の収入は、土地を支配する事によって得られる年貢か、主家から支給される俸禄以外にはなかった。また、諸藩の場合、財政逼迫から脱する方策は、年貢の増徴を行うか、財政支出を倹約するしかなかったのである。多くの藩は、主として、以下の4つの財政改革を行い、財政再建を達成する努力を行ったのである。

第一に、年貢の徴収率を引き上げるという事が挙げられるであろう。近世諸藩の税率は、その土地が豊かであるか否かによって、また、各藩における古来の慣例によって、必ずしも一定ではなかった。しかし、一般的には、「四公六民」を常としていたとされる。換言するならば、1万石の石高においては、4000石を年貢として納め、残りの6000石を百姓の収入としていたのである。これに対する増税策として、まず、その定租以外に、雑税を課した。更に、その雑税だけで不足する場合、臨時の課役を命じたのである。しかし、農民の年貢の負担力には、限界が存在する。その限度を超えるならば、百姓の逃散や一揆を誘発する恐れが生じる。

第二に、藩士に支給する俸禄の調整である。確かに、戦国時代においては、諸国の大名は、一技一芸に秀でた武士を家臣としてこぞって採用していた。しかし、戦国時代が終焉すると、その必要はなくなってしまった。その結果、支出削減のために、死滅した家臣の名跡は、特別に由緒あるものしか、残す必要もなくなってきた。自然と家臣の数は淘汰され、その数を制限される事となる。また、残された家臣に対しても、俸禄を削減したり、必要に応じて、その一部を藩に納めさせた。当時の藩士は、生活窮乏の程度において、主家に勝るとも劣るものではなかった。主従の関係は血よりも濃く、主家の財政

困窮に対しても、多くの貢献が必要とされていたのである。更に、武士の精神的薫陶により、清貧に甘んずる気風が培われ、たとえその収入の2割3割を徴収される事があったとしても、主家のためとあれば甘受した。加えて、仮に5割6割の馳走石（ちそうごく）を課されたとしても、耐え忍んで主家の財政困窮に応じたのである。

第三に、消極策ではあるが、経費の倹約である。これは、財政困窮を脱するために、必要不可欠なものと考えられる。具体的には、諸藩における「倹約令」の発布である。しかし、倹約令は、必ずしも財政の必要上においてのみ、発せられるものではなかった。武士の嗜みとして奢侈（しゃし）を禁じ、清貧の中に身を処するという教訓的意味をも、所有していたのである。1615（元和元）年7月、幕府の発した武家諸法度[6]の第12条に、「諸国諸侍倹約を用ひらるべき事」と戒められたのは、武士が自ら奢侈を改め、将来の必要に備える、という経済的対処を求めたものでもあった。こうした事例は、諸藩においても、同様であったに相違ないであろう。特に、財政困窮に伴って発せられる倹約令には、衣食住に関して、詳細に規定したものが多く存在する。諸藩の財政が破綻の危険にある時には、3年あるいは5年に限って、更に厳重なる倹約令を発布し、藩主は率先してその規範を示し、家臣は勿論の事、庶民に至るまで、皆これに従って、一切の不自由を忍び、あらゆる不足に堪えたのである。その悲壮なる決心と藩に対する犠牲的精神は、想像に絶するものがあった。

最後に、貯蓄に対する努力を挙げなければならない。本来、年貢による収入と馳走米とによって得られた諸藩の財政収入は、年々の豊作と凶作による収穫高に大きく影響された。したがって、豊作年の余剰は、いわゆる「備荒貯蓄」として、凶作年のために貯蓄されたのである。また、常時の倹約にも、将来の必要に備える、という意味合いが含まれていた。そのために、幕府も諸藩に米籾の貯蔵を奨励し、1753（宝暦3）年2月及び翌年2月には、諸藩の分限高1万石につき籾1000俵宛を、1789（寛政元）年9月には、1万石につき50石宛を、向こう5年間、貯蔵する事を諸藩に命じた[7]。諸藩は呼応し、金銀をもって藩庫に蓄え、あるいは、米麦その他の雑穀をもって、社蔵や義

蔵を設立した。このように、凶作年や軍用等のために、非常用の貯蓄に努め
たが、その多くは、財政困窮のために永続きしなかった。また、たとえ永続
きしたとしても、その貯蓄を運用して、利潤を求めるような積極的行動を採
る事はなかった。消費の倹約か、豊作によって、自然と余剰が生ずるのを期
待するしかなかったのである。すなわち、諸藩の貯蓄策は、財政困窮を脱す
るには、余りに消極的なものでしかなかった。

　以上のように、諸藩の君主は、領内の経済活動を統治するために、諸策を
講じたのである。しかしながら、その努力にも拘わらず、依然として、財政
窮乏の状態から、脱却する事はできなかった。特に、諸藩を悩ましたのは、
参勤交代の制度であった。更に、江戸城の修復をはじめとし、利根川や木曽
川等の大河堤の構築等、幕府から課せられる臨時の手伝普請も財政困窮を深
める要因となった。加えて、藩主の分をわきまえない豪奢な暮らしによる支
出もあった。このような原因により、諸藩の借財は、累積の一途をたどった
のである。困窮生活を甘受させられたのは、藩士や領民達である。だが、多
くの場合、新田開発をして米の増産を目指したり、地場産業を振興させ、特
産品を領外に売却し、領外から貨幣を獲得する等の様々な努力が重ねられた。
しかし、それらの諸策が大きな成果を挙げるまでには至らなかった。

　幕府は、諸藩の財政状況が安定し、備蓄がなされる事をよしとしなかった。
参勤交代の制度も度重なる手伝普請も、そうした考え方が根底にあったので
ある。しかし、そうした幕府からの要請は、諸藩にとって重い負担でしかな
かった。参勤交代の帰国時にも、身なりや行列等、諸藩は俸禄に応じた一定
の格式が存在しており、それを維持する道中の費用は莫大なものであった。
また、江戸滞在中の諸経費も、領国における額とは比較できないものであっ
た。更に、臨時の課役も、度々、幕府より命じられ、支出額は増加する一方
であった。

　諸藩の財政的負担は、上述の理由により、量的にも質的にも拡充し、諸藩
の財政収支の差は、拡大するばかりであった。その結果、藩主に残された唯
一の手段は、江戸、京都、大坂及び長崎等の豪商から、金銀を借用する事の
みであった。しかし、元来、余裕のない諸藩としては、たとえ当座の財政危

機を凌げたとしても、返済する事は容易でなかった。また、豪商からの借財の金利すら、支払いできない諸藩も存在した。そうした藩は、「お断り」と称して、借金を踏み倒すという暴挙に出たのである。

　利子は利子を生み、いたずらに負債額を増やし、追貸しや借替え等の窮余の策も、町人を利し、その地位を向上させたに過ぎない。商人は、その間にあって、縦横無尽に機略をこらし、その富の保全と増殖を行ったのである。その結果、士農工商の最も下位にあった商人の実力は、飛躍的に向上し、最上位の武士をも凌駕する力を有するに至ったと思量される。要するに、近世の貨幣経済の発達によって、全国の諸藩は、その大小に拘わらず、不安定な財政運営を余儀なくされていったのである。大多数の藩主は、例外なく、その財政窮乏に悩まされていたといえよう。そして、その対策として、財政改革を行い、財政再建という目標を達成しようと試みた。本書は、そうした江戸前期の「近世諸藩における財政改革」を研究対象とした著作である。

　筆者が、「近世諸藩における財政改革」の２部作を執筆しようと試みたのは、諸藩の財政が困窮した事情と、財政改革に挑んだ人々の志や知恵、採用した財政改革策とその結果に、現代の財政改革及び財政再建の処方箋を求めたからである。勿論、本文で取り上げた財政改革の実行者は、藩主だけではなく、藩の事情によって、有能な家老や家臣であったり、商人や農民の事もあった。読者は意外に思われるかも知れないが、藩主や重役の中には、商人や農民の実績を評価し、藩の財政改革を任せようとした人物が存在したのである。そして、彼らの経営感覚が、旧態依然とした藩の財政運営を変化させ、財政改革を成功させたのである。

　第二次大戦後、近世諸藩の研究の必要性が提唱され始めた頃、まず注目されたのは、藩の確立期に関する諸問題であった。しかし、当時の学界の風潮は、諸藩の体制的、構造的な問題を重視する傾向が強く、財政改革の指導者としての藩主や家臣の特性等は、無視されがちであった。筆者は、諸藩の財政改革を強力に指導する人物の人格的、思想的な側面をも、その歴史的背景との関連において、正当に評価すべき事を強く思惟する。その意味において、歴史の中における人物として、藩主や家臣個人のあり方と役割を、歴史の全

体的な流れの中で把握すべきである。筆者の研究に関する観点は、独創的な試みといってもよいであろう。

　筆者の座右の書のひとつに、聖賢の書物される『論語』がある。その巻第一、為政第二に「子曰、温故而知新、可以爲師矣」[8]と記されている。一般には、「温故知新」と略される。その意味は、「先生がいわれた古い事に習熟して新しい事もわきまえれば、教師となれるだろう」と一般に解釈されているが、愚生の解釈は若干異なる。換言するならば、「過去の学問や習慣を繰り返し学ぶと同時に研究し、それを新たな問題解明に応用、発展させる事が、正しい規範として世を導く指標である」と思量する。英語の諺にも studying the past to learn new thing, learning from history あるいは、learning a lesson the past, learning from history がある。古いものを検討する事は、古いものに回帰する事を意味しない。また、中国の書物『春秋左氏伝』の序文には、「彰往考来」[9]とあり、「過去を彰らかにして未来を考える」の意とされる。古えの時代、すなわち本書でいう近世の事象の検討から、現代に通用する画期的で新しいものを発見する事ができるのである。更に、我が国にも「学問は歴史に極まり候ことに候」という前述の荻生徂徠の寸鉄がある。歴史の中にこそ、人間の知恵は宿されている。この歴史を探り、過去に学んでこそ、人間は自らの正体を知り、いくらかは賢くなる事ができる。そして新しい勇気を得て未来に立ち向かう事ができる。徂徠はそういいたかったのであろう。筆者は、新しい研究は基礎研究がなければ発展しない、新奇を衒うだけでは発展しないと考える。これらの諺と寸鉄に従い、「近世諸藩の財政改革」を研究する事によって、現在の財政改革、ひいては財政再建の真のあり方が問い質されねばならないと思惟する。

　筆者が本書で取り上げたのは、諸藩の財政逼迫の事情と、財政改革に立ち向かった人物達の志や知恵、財政改革のための悪戦苦悩の姿である。

註
1）山本博文監修『江戸時代265年ニュース事典』柏書房、2012年、1頁参照。
2）江戸時代にも、稀に「大阪」と表記する書物も存在するが、本書では、「大坂」で統一した。後に大阪と表記されるようになったのは、1808（文化5）年に刊行され

た『摂陽落穂集』からで、坂は不吉な文字として忌み嫌う人もおり、坂から阪の字が使用されるようになったと記されている。大阪という表記が定着したのは、明治になってからである。

3）三坂圭治『萩藩の財政と撫育制度』マツノ書店、1977年、1頁参照。

4）岩垣光定『商人生業鑑』菱屋孫兵衛、出版年不明、1～2頁参照。

5）量入制出原則とは、現在の財政学における、収支適合方法の相違を意味する。すなわち、まず、収入を量り、その範囲内に、支出を制限する事を意味する。詳細は、井手文雄『新稿　近代財政学』税務経理協会、1976年、13～17頁を参照されたい。

6）江戸時代、初めて諸藩に発布されたのは、1611（慶長16）年であり、その内容は、僅か3条でしかなかった。「法度」という言葉の本来の意味は、中国の法制や模範とすべき事によっている。近世に入ると法度は、戦国時代の制定法という意味の他に、禁制及び禁止や、処罰や刑の意味でも用いるようになった。

7）岩垣光定、前掲書、6頁。

8）金谷治訳注『論語』岩波書店、2014年、40～41頁。

9）博文館編輯局編『春秋左氏伝　第1巻』博文館、1941年、序。尚、『春秋左氏伝』は、孔子の編纂と伝えられる歴史書『春秋』の代表的な注釈書のひとつで、紀元前700年頃から約250年間の歴史が書かれている。

第1章

野中兼山の財政改革（土佐藩）
——近世諸藩における財政改革の黎明者——

第1節　はじめに

　「棺を蓋いて事定まる」という寸鉄がある。すなわち、人は死去して後に、初めてその人物の生前の言行の真価が定まる、という意味である。その意味で、野中兼山ほど、毀誉褒貶の多い人物は、近世の財政改革者には存在しない、といってよいであろう。すなわち、「兼山に対する評価は、いまもなお2つに分れている。ひとつは、兼山を卓越した経世家とみなすものであり、もうひとつは苛酷な領民収奪者と解する説である」[1]と。

　筆者は、原則として前者の見解を是とし、野中兼山をもって、近世諸藩の財政改革の黎明者とする見解に同意し、本章を執筆する事にしたい。特に、兼山を高く評価すると、「土佐国田野ひらけ、御収米の益候て、只今は上国と並び、御国民の利沢を得候様に相成て候事に於いては、野中伝右衛門（野中兼山——筆者）程功労有之候は御座無候……」となる[2]。また、兼山は、唯一の書『室戸湊記』の一節で、「賢君之所以労其民所以逸其民皆得其道也」[3]と述べて、自身の財政改革が、領民の労役に依存せねばならなかった事を認め、その結果が領内の経済発展へとつながり、領民の繁栄を生み出すと考えていた。すなわち、兼山は土佐藩の名宰相であり、財政改革において、画期的な業績を挙げた無比の人物というのが、筆者の評価である。寺石正路が、自身の著作『土佐人物伝』で兼山を取り上げ、賢宰相と讃え、その業績を広く国民に紹介したのは、1842（天保13）年であって、兼山が鬼籍の人となってから、180年近くも経った後であった。

　本章の目的は、近世諸藩における財政改革の黎明者、あるいは濫觴者とさ

れる野中兼山の財政改革を分析研究し、後世の財政改革及び財政再建への貢献に関して、若干の考察を試みる事にある。

註

1) 百瀬明治『名君と賢臣――江戸の政治改革――』講談社、1996 年、88 頁及び川口素生『江戸諸藩中興の祖』河出書房新社、2005 年、5 頁。
2) 井門寛『江戸の財政再建』中央公論新社、2000 年、9 頁。
3) 筆者書き下し文「賢君の其の民を以労する所、其の民を以逸する所、其の道を皆得たる也」(横川末吉『野中兼山』吉川弘文館、1990 年、はしがき参照)。

第 2 節　野中兼山の生涯

　元来、野中兼山は、土佐の人間ではなかった。そうした兼山がどうして土佐に移住し、財政改革をどのように実行したのかを解明するためには、関ヶ原の戦いまで逆上る事が必要であろう。

　遠江国掛川の 5 万石の領主に過ぎなかった山内一豊は、1600（慶長 5）年 9 月の関ヶ原の戦い後、徳川家康から、一躍、表高 24 万 8300 石余りの土佐一国を託される事になった外様大名である。藩領は、安芸郡内 53 カ所の村、香美郡内 66 カ所の村、長岡郡内 48 カ所の村、土佐郡内 39 カ所の村、吾川郡内 41 カ所の村、高岡郡内 75 カ所の村、幡多郡内 141 カ所の村の合わせて 7 郡 463 カ所の村に及んでいた [1]。これは、関ヶ原の戦いに関連した恩賞によるものであった。前統治者であった長宗我部盛親は、豊臣方に与して敗れたため領地を没収され、代わって、徳川方に属して戦功のあった一豊が国主となったのである。

　当初、1601（慶長 6）年 1 月 8 日、山内一豊は、長宗我部家の拠点だった浦戸城に入った。彼は、大坂から舟に乗り甲浦に上陸し、徒歩で野根山街道を通り、奈半利へ、そして安芸、赤岡を経て、入国したという。この入国は、容易な事ではなかった。すなわち、長宗我部氏の家臣達の抵抗は、尋常なものではなかったのである。城を明け渡す事に頑強に抗い、「浦戸一揆」、ある

いは「一領具足の反抗」[2]と呼ばれる問題を惹起した。開城派と反開城派に分かれ、長浜で戦いを開始し、その結果、開城派が勝利する[3]。その後、一豊は、土佐に移ってきた3年後の1603（慶長8）年、大高坂山に城（現在の高知城）に、城郭と城下町を建設し、移転したのである。

　次に、山内家と野中家の関係に触れておこう。山内一豊は、若年期には、猪右衛門と名乗り、6人の兄弟があった。その中に、慈仙院合姫という妹がいた。野中兼山の祖父である野中良平は、若い頃、権之進といい、一豊より4歳年下で、2人は大変懇意だったという。良平は合姫と結婚し、兼山の父野中良明が生まれたが、1579（天正7）年、良平は31歳で早世した。その時、合姫は26歳であった。夫の良平を亡くした合姫は、良平の弟である野中益継と結婚する。それゆえ、益継は、兼山にとって大叔父に当たる。益継は、土佐に入国して、知行2300石の待遇を受け、代官や町奉行の役職に就いた。この野中一族と藩主一豊との関係が、兼山の財政改革成功のひとつの鍵となる[4]。

　若干、話は戻るが、野中良明は山内一豊に仕え、知行3000石を拝領した。一豊は、妹であった合姫の子である良明を非常に可愛がり、幡多3万石を与えるという口約束をしたとされている。しかし、一豊が死去すると、その領地は一豊の弟野中康豊に渡されてしまった。すなわち、一豊との口約束は反故とされたのである。その結果、1608（慶長13）年、良明は浪人となり、土佐を離れて姫路に旅立った。その理由は、良明の妻であるお石が、姫路城主の家老、荒尾但馬の娘だったからである。しかし、残念ながら、お石は姫路に移って間もなく、27歳という若さで亡くなってしまった。良明は、その後、お萬という女性と再婚する。そのお萬との間に生まれたのが、本章の主人公である野中兼山その人であった。

　次に、野中兼山の養父となった野中直継に関して、若干、述べておく事にしよう。直継は玄蕃とも呼ばれ、土佐藩のため大きな貢献をしている。藩の財政が困窮していた時、その打開に非常に尽力したのである[5]。第一に、元和の改革という検地を行った。田畑の面積を調べる事によって、隠し田を発見し、農民からの年貢を納めさせる事に成功した[6]。第二に、借金をしてい

る債権者と交渉し、期限を延期してもらった。第三に、白髪山一帯の檜や杉を伐採し、それを吉野川に流して、徳島から大坂まで輸送及び売却し、莫大な利益を獲得した。第四に、物部川下流の東側の広い荒野であった、野市の開拓を行っている。

　以上のような改革によって、土佐藩の負債を返済させた野中直継は、藩の財政に余裕を持たせる事に成功したのである。彼はその功績により、長岡郡本山を知行地として拝領した[7]。更に、5000 石を加増され、約 5700 石の身分となった。直継が泉下の人となったのは、1636（寛永 13）年で、享年 50 歳であった。その跡を継いだのが野中兼山である。

　1615（元和元）年、野中兼山は姫路で生まれ、幼名を左八郎といった。1 月 21 日に生まれたとされるが、正確なところは分かっていない[8]。成人すると、伝右衛門と改名した。その他にも、伝右衛門止、伝右衛門主計、伝右衛門伯耆、伝右衛門良継といった多数の名前を使用している。兼山は号である。野中良明とその妻お萬の間には、兼山の他 2 人の娘と 2 人の息子があったが、早世している。お萬の実家は、元々、大坂天満の相当な商家であったが、彼女は孤児になっているので、良明が死去した頃は、困窮した生活を送っていた。しかし、お萬と兼山親子は、血縁の祖母お合と父良明の実家の弟野中直継を頼り、土佐に移住したのである。兼山は、13 歳まで、母とともに大坂をさまよい、ついに、和泉国（現在の大阪府）の堺にいたところを、小倉少介に見い出される。彼は、兼山が英俊なのを見抜いて、直継に養子にする事を勧めた。そして、少介の兼山養子の推挙が認められ、兼山親子の来国が決定した。

　野中兼山は、養父であった野中直継の改革を直視していたのであり、知らぬ間に、強く影響を受けていたのは明白である。そして、兼山は 22 歳で、直継の領地本山の領主になった。実は、その頃、重役は彼以外にも数人存在していた。すなわち、深尾主水、山内彦作、寺内主膳、野々村大學等で、いずれも古老長者である。兼山は、彼らとともに家老に列せられたのである。兼山の年齢は、彼らにとって子も同然であった。また、思想的側面においても、新旧の食い違いがあった。更に、兼山は、新進気鋭というのみではなく、

優れて峻烈な性格を有していた。他の家老との不和を危ぶむ者も、少なくは
なかった。だが、兼山は若輩ではあったが、指導者として適任であった。指
導者には、忍耐強さ、強い信念等が必要とされたのである。

　野中兼山の理想を追求する熱意は、相当なものであった。彼には、熱心な
政務担当に関する逸話が、数多く残されている。例えば、彼の青年時代、香
美郡山田堰工事が完成した時の話である。たまたま豪雨があり、彼の代添役
の小倉少介は、堰や堤防が気にかかり、豪雨をついて、ただひとり出掛けた
ところ、すでに蓑笠を着た兼山がうろついていたという9）。また、彼の財政
改革には多くの抵抗があったが、決してそれに屈しなかった。ここに、彼の
強い信念が見られる。兼山は、実行の人であった。これには、儒教の影響が
多大である。これが、彼の財政改革の指導理念となった。彼は儒学の中でも、
とりわけ精神力を尊び、実践を重視する南学こそ、治国平天下の要諦と考え
たのである。当時の儒学は、3つに大別する事が可能であった。第一に、林
羅山らにより京都や江戸で唱道された「程朱学派」、第二に、近江商人で
あった中江藤樹や熊沢蕃山らによる「王陽明学派」、第三は、戦国時代に南村
梅軒が土佐で始め、谷時中によって発展された学派である。兼山が学んだ
のは、この第三のものであり、「海南朱子学」、略して南学と呼ばれていた10）。

　最初、野中兼山は、伝統的な武士の教養であった禅学を修めたが、小倉三
省の勧めで儒学に転じ、南学の泰斗である谷時中に師事して研鑽を積み、学
者としても重鎮となるに至った。この南学によって、武士階級に道徳的思想
を養わせ、その政治に理性と特性を加えるとともに、領民には、封建的秩序
を確立強化する事が、兼山の目的であった11）。実際、彼の南学研究は、理
論的緻密さよりも、その応用を重視したものであった。すなわち、南学を実
学として捉え、その最終的な目的は、徳を修め産業を興す基礎の確立にあっ
たといえよう。彼が財政改革の中枢を占めてからは、南学の理念を応用し、
小倉三省、長沢潜軒、町定静達の南学者を手厚く保護している12）。

　高い木は風に折られる譬えに漏れず、野中兼山は49歳の年、27年間の権
力の座から追い落された。いつの時代にも、政治家には政敵が存在する。政
敵達、具体的には、家老の深尾出羽、深尾因幡及び山内下総が、兼山の失政

を数え立てて弾劾した。長年の独裁政治のため、政敵から見れば私曲と考えられた事もあったろう。また、兼山の苛烈な性格に対する民衆の不平もあったと思われる。彼の失脚は、政治家としてむしろ当然だったのかも知れない。

　野中兼山は失脚してから、中野（現在の土佐山田町）にあった私領の屋敷に隠居して読書に親しんでいたが、その間僅か4カ月足らずで、鬼籍の人となった。余りにも急な事であり、世間では憤死したとか、毒殺されたという諸説があったそうだが、心臓喘息の発作によるものと推測される。

　註

1）しかし、幕府から与えられた朱印状の表高は、20万2600石余りでしかなかった（児玉幸多・北島正元監修『藩史総覧』新人物往来社、1977年、370頁）。

2）一領具足とは、平時には田畑の耕作に従事し、戦時には武器を取って戦う兵農未分離の在地武士達をいう。

3）彼らは、長宗我部氏の浦戸城受け取りに入城した井伊直政と家臣鈴木平兵衛の機略により、長宗我部氏の旧臣と対立した。しかし、家老及び重臣と一領具足によって、反開城派が敗北した。その結果、一揆の首謀者8人を含む273人が討ち取られた。更に、山内一豊は入城の祝賀行事として、桂浜で相撲行事を行い、この時集まった者の中から一揆の残党73人を捕らえ種崎の浜で処刑した（横川末吉、前掲書、13頁及び19〜21頁参照）。

4）江戸期はいまだ封建社会の武士社会であり、個人の力量だけでは、財政改革という大事業は不可能であった。

5）小川俊夫『野中兼山』高知新聞社、2001年、22頁参照。

6）この検地の結果、土佐藩の蔵に入る米が3万4000石余り増えたといわれる。

7）野中直継の新しい領地となった本山は、嶺北の要地として重要視されていた。

8）横川末吉、前掲書、10頁。

9）同上、267〜268頁。

10）平池久義「土佐藩における野中兼山の藩政改革──組織論の観点から──」『下関市立大学論集』第49巻第1号、下関市立大学学会、2005年、4頁参照。

11）井門寛、前掲書、13頁。

12）同上、46頁参照。

第3節　野中兼山以前の土佐藩の財政状況

　野中兼山が、山内家の奉行職に就いたのは、山内家2代藩主の忠義の頃、1631（寛永8）年であった。それ以前の土佐藩の財政状況は、どのようなものであったのであろう。初代藩主の山内一豊は、浦戸一揆を鎮圧した後、その勢いに乗り、様々な改革を実行した。その中で、財政改革として重要なのは、以下の3つと思われる[1]。

　第一に、「蔵入地」の設定及び「知行割」の採用である。山内一豊は、浦戸一揆で「一領具足」の打撃を受けた高知平野を中心に、蔵入地の設定に着手した。5000町歩（5万石）の蔵入地高は、土佐藩の総地高の約20％である。長宗我部氏の蔵入地は、幡多と安喜の辺境を中心に、10％に過ぎなかったが、一豊はその生産地帯を押さえた[2]。更に、彼は家臣に知行割を実施し、弟山内康豊は幡多郡中村に支藩を与えられ、功臣深尾与右衛門は高岡郡佐川、山内左衛門は幡多郡宿毛、山内伝左衛門は高岡郡窪川、山内刑部は長岡郡本山、五藤内蔵助は安喜郡安芸の土居付となり、強力な地方知行制が確立され、土佐藩の要地は完全に押さえられた。また、彼らだけでなく、全ての家臣が、遠江掛川における旧領地の倍額を付与され、その功に報いられた。

　第二に、「検地」がある。山内一豊は、支配機構の整備と併行し、『長宗我部地検帳』[3]を基礎として検地を行った。これにより、一領具足の百姓並とされた者は、農民として土地に縛りつけられた。一豊は、土佐藩における真の太閤検地、すなわち、『長宗我部地検帳』の地高を厳格に守り、一切加増しないという政策的配慮を行ったのである。

　第三に、城下町の建設を挙げる事ができる。1601（慶長6）年から1603（慶長8）年にかけて、山内一豊は居城と城下町の建設に着手し、成功を納めた。3年を要したこれらの事業に、彼は浦戸城から通って、工事監督を行った。野中益継達が一豊を護衛したのは、この時である。土佐全域、特に、中央部の人と物を注ぎ込み、不足分は大坂方面の豪商に求めた。この事業の成功は、山内氏の威容を示すと同時に、土佐藩と大坂商人との財政的つながりを作り

上げる事となったのである。

　1605（慶長10）年、山内一豊は、5年間の多忙な施政の後、61歳で鬼籍の人となった。土佐の財政状況は、長宗我部氏時代の財政活動に大変革を加える事により、磐石なものとなったのである。

　2代藩主の山内忠義は、山内一豊の弟山内康豊の長男である。一豊には子がなく、甥を藩主に選んだのである。藩主に就いた忠義の治世は、1656（明暦2）年に隠居し、嗣子である山内忠豊が3代藩主になるまで、52年の永きに渡った。忠義の代となると、江戸城、駿府城、名古屋城等の普請助役があり、大坂冬の陣と夏の陣への出兵等、幕府からの公役が絶えなかった[4]。そのような状況において、忠義は、積極的に土佐藩を牽引している。野中兼山宛の書状には、忠義が藩政について、常に、奉行職、仕置役より報告を受け、彼が指導者として、適切な意見を述べていた事が述べられている[5]。忠義と兼山との関係は、明君と賢臣といってよいであろう。忠義も兼山も気性が激しいにも拘わらず、約30年に渡って、関係が破綻しなかったのは、互いにその能力を高く評価していたからであろう。

　山内忠義の治世を2つに大別する事が可能ならば、前期が野中兼山起用の前であり、後期がその後の兼山施政期といえよう。更に、前期は初期と「元和の改革」期とに区分する事ができる。初期は、忠義の実父山内康豊後見によって、兼山の養祖父野中益継達が、藩政を指導した時期である。この時期は、山内一豊の定めた財政政策が継承された。一方、元和の改革期は、元和末期から寛永初年にかけて、兼山の養父野中直継と補佐役である福岡丹波、小倉少介らが財政改革を断行した時期である。

　さて、本節では、元和の改革期を中心に論述する事にしよう。なぜならば、この時期が、野中兼山の財政改革と直結する時期だからである。この時期、土佐藩の財政状況は、危機的なものであった。借財の累積総額は莫大で、銀2000貫目であり、1年の成米の代銀を超えるほどであったといわれている[6]。その債権者は、主に、山内一豊以来つながりを持っていた大坂の豪商達であった。具体的には、岸部屋、袋屋、菊屋及び炭屋等の名前が伝えられている。その他にも、山内氏と密接な関係のあった酒井氏等にも借財をしていた。

第1章　野中兼山の財政改革（土佐藩）　　　21

　これらの借財の原因は、一豊の入国以来、ほとんど毎年のように、幕府より
課せられた土木工事等であった。江戸城、駿府城、篠山城、名古屋城及び大
坂城等の修復には、多くの銀と労力を必要とした。更に、臨時の課役ととも
に、藩主及び彼を取り巻く藩士が、江戸、京都、大坂等の都市生活のために、
現金の支出が増大した事も影響している。山内忠義が仕置役小倉少介に宛て
た書状にも、以下のように記されている。すなわち、

　　京都入用に、伊藤 玄 丞 方へ銀子四拾貫目両度に指上せ候由、大坂にも
　　　　　　　　げんのじょう
　　銀子入用の由、方々銀子過分の儀、当地（江戸）にて金銀莫大つかい候。
　　当年は玄蕃直継手前の銀子取越候ひぬ[7]。

　このように、江戸に居住する武士の都市生活によって、土佐藩の財政窮乏
は、限界に達していたのである。元和の改革は、この借財整理を目的にして
実施された。1621（元和7）年、土佐藩の借財は幕府でも問題となり、松平河
内守実行と稲葉内匠頭正行により、勧告を受ける。急ぎ出府した仕置役福岡
　　　　　　　たくみのかみ
丹波は、松平及び稲葉の指示により、借財返済の方法を決定した。すなわち、
債権者からは、猶予の約束を求めるとともに、藩内には、非常事態であると
の判断のもとに、藩士、特に、農民への年貢重課によって、財政状況を改善
しようとしたのである。藩士には、知行100石につき3石、切米取には、1
　　　　　　　　　　　　　　　　　　　　　　　　　　きりまいとり
石につき3斗の上米等を命じた。また、農民には、門苧家数[8]につき2カ
　　　　　　　　　　　　　　　　　　　　かどおいえかず
月の 料 木役を課した。この料木役制度は、藩の借財整理に大きな効果を与
　　りょうぼくやく
えたのである。
　門苧家数につき2カ月の料木役は、藩営の森林伐採事業に投入された。こ
れらの夫役の監督に充てられた者は、鉄砲組足軽であった。その数は、当初
　　　ふえき
100人、後に増加して200人となる。その事業所は、檜の名産地の長岡郡白
髪山である。伐採された檜材は、土佐藩の借財の原因となった幕府の課役を、
材木で代納するために使用されたが、その大部分は、藩営商業として、同地
から吉野川水運を利用、阿波国（現在の徳島県）の撫養を経て大坂市場に搬出
　　　　　　　　　　　　　　　　　　　　　　　　　むや
された。この努力により、1625（寛永2）年、直継奉行職の下、一応、借財を

完納する事ができた。また、土佐藩は、材木が多数あるために商売も容易で、奉公人も百姓も他国と異なり、非常に喜んだといわれる。その後も藩財政の窮迫ごとに、その打開策として、木材の大量伐採が実施された。この時、小倉少介が材木の計画的伐採を考案し、この路線は、野中兼山によって踏襲される。

　検地に関しても、野中兼山は、「村上検地」と呼ばれる検地改革によって、年貢増加を試みた。すなわち、入国以来、最初の山内氏独自の検地が、村上八兵衛によって実施されたのである。彼は、蔵入地、城付及び諸給人 9) の知行を、いずれも相改めよという厳命に従い、徹底した検地を行い、新田は、初めて正式貢租の中に組み入れられた。

　以上の元和の改革期の諸財政政策は、野中兼山の養父野中直継と小倉少介達が推進したものである。特に、藩営商業と新田の把握等は、いずれも兼山の財政改革の基盤を形成する事になった。

註

1) 山内一豊が行った財政改革以外に、特に、重要なものは、兵農分離と村役人の起用等である。これらの改革については、横川末吉、前掲書、21〜23 頁が詳細である。
2) 同上、21 頁参照。
3) 『長宗我部地検帳』とは、山内一豊が入国する前に、使用されていた長宗我部氏の検地帳面を意味する。
4) 井門寛、前掲書、11 頁。
5) 横川末吉、前掲書、25 頁参照。
6) 同上、31 頁。
7) 同上、32 頁参照。
8) 門苧家数とは、公式の初期本百姓の家数を意味する。
9) 藩主により知行地を与えられ、租税を取り立てる事を認められている武士をいう。

第 4 節　野中兼山の財政改革

　徳川幕府の成立から半世紀も経たない頃、どの藩も財政改革に乗り出していた。戦国の荒れた時代の軍備の後始末が、貨幣経済の擡頭とともに、借財

として藩財政を圧迫するようになったからである。早くに藩内の体制を固めて、米を含む品物の増産や、それに伴う新田開発、水路の整備及び特産品の奨励等を行っていれば、深刻な財政難に陥る事はなかったのであるが、基本的に、武人出身の藩主らには、そうした発想はなかった。領地があって農民がいて、米を収穫するという戦国以来の考え方から、抜け出す事ができなかったのである。土佐藩も、その例外ではなかった。

　人間は、基本的に保守的な動物である。それゆえ、安住している環境が変化する危険性が生じれば、どんな改革にも反対の態度を示す。その結果、改革に反対する人々をどのように納得させ、取り込んでいくかが、改革の成功の鍵となる。財政改革も然りである。野中兼山は、南学という確固たる信念を基盤として、更に、ほとんど独裁ともいえる権力を背景とし、人に有無をいわせぬ財政改革を推進していった。兼山は、前述の年長の家老がいるにも拘わらず、財政改革の責任者として抜擢されたのである。しかし、この異例の出世の裏には、嫌な仕事は他人に任せる、という重臣達の事なかれ主義が働いていた。元和の改革で、領民から年貢を根こそぎ絞り取った後である。更に、土佐藩の財政を潤すための増徴を行えば、一揆が起こり重臣達の首が飛ぶはめになる。そこで、何も知らない若者を財政改革の旗頭に仕立てて、責任を取らせようという魂胆であった。しかし、どんな財政改革も苦痛を伴う。当然の事ながら、庶民層から改革に対する怨嗟の嘆きも聞かれた。

　野中兼山が財政改革を求められ、奉行職に登用されたのは、1631（寛永8）年の事である。当初、兼山は養父野中直継の指導の下で、補佐的な立場に置かれていたが、5年後の1636（寛永13）年に養父が死去すると、家老筆頭となって、剛毅果断に財政改革を推し進めた。兼山の行った財政改革は、極めて多様なものであった。しかし、大別すると、経費支出面と収入獲得面とに分ける事が可能である。財政改革の成功のためには、経費支出を削減し、収入を増加するという両面が必要とされる。

　第一に、経費支出行為に関してであるが、野中兼山は倹約を重要視している。すなわち、節約を徹底し、奢侈禁止を強く主張している。「奢侈禁止主義」ともいえよう。その結果、奢侈品には重税を課した。租税を課する行為

は、収入を獲得するという側面からも、非常に重要であったと思量される。例えば、酒税が挙げられる。「今酒について例をあげんか、先ず酒屋制限の制定を立てて特許法則を設くると共にその営業者に課税し、即ち土佐の酒屋を百八十戸と制限し、一戸に付き銀三十五貫を課して、百八十戸より得たる酒屋税六千三百貫を徴収」[1]と。しかし、兼山の経費支出削減の行為には、限界があった。既得権益を死守しようという人々の存在である。つまり、現在の財政学でいう「財政の硬直性」の存在である。その結果、兼山の財政改革は、収入獲得行為を中心に展開されていく事となった。米経済中心の封建社会では、農民をどう治め、年貢をどう取り立てていくかが、大きな課題であった。武士の生活の基盤は扶持米であり、年貢も全て米で納められていたのである。

　第二に、野中兼山の財政改革の中心となった収入獲得行為の内容であるが、主たるものとして、次のものを挙げる事が可能であろう。個々に詳細に分析する事にしよう。

(1) 「掟」の制定

　野中兼山は農民支配を徹底し、荒地を開墾させて、耕作を奨励するために多数の掟、換言するならば法律を施行したのである。主たるものとして、「本山掟」がある。それまでは、不文律で、慣習で行われていたものを、はっきりと文章として明文化したのである。本山掟は、知行地である本山に制定されたものである。本山掟が領民に出されたのは、1643（寛永20）年であり、兼山の名前が明記されている[2]。この掟は、農民に対してだけでなく、その監視をする庄屋の責任も追及するように工夫されていた。兼山は、農民支配に彼らの力を利用しようとしたのである。彼が奉行職として最初に出した本山掟の内容は、11項目からなっているが[3]、財政に関連するものは、以下の通りである。すなわち、

　一、荒れ地がないように十分に開拓すること。精を出して開墾したものには褒美を与える。その上、税を納めなくてよいようにする。

一、十一月までに年貢をすませよ。畑の方の年貢は翌年の六月までにすませよ。

一、酒は飲まないこと。背いた者は罰金をとっておくこと。

　また、野中兼山は本山掟以外にも、「国中掟」及び「弘瀬浦掟」を制定している[4]。国中掟及び弘瀬浦掟は、本山掟より一層詳細に、農民及び漁民の生活を制約している。これら３つの掟は土佐藩全体に出され、その内容は、幕府が出した諸法度を模したものと推測される。また、これらは、兼山が一方的に作成した武士のための掟であり、これらの掟の目的は、農民と漁民を厳しく労働に駆り立て、年貢を少しでも多く納めさせる事にあった。しかし、兼山は、何も領民を苦しめようとして、徹底した掟を発令している訳ではなかった。いずれ苦労は報われる時が来る、と信じて過酷なまでの指導をあえて行ったのである。すなわち、「先憂後楽」の考え方を彼は保有していたのである。将来の楽しみのために、今を苦労するのであって、それは子々孫々に対する徳積みという発想である。これは「痛みを伴う財政改革」の一環であるが、さすがに、この痛みを理解する領民は少なかった。

(2)　郷士への取立

　前の領主である長宗我部氏は、前述の如く、武士と農民を区別しない兵農未分離政策を採用していた。すなわち、領民は武士であり、農民であると同時に武士でもあったのである。戦時には、それまで農業に従事していた領民は、全て武士として動員された。彼らは田畑を所有し、普段は主君の側にいるのではなく、領地にいて農民として仕事をしている。しかし、常時、彼らは田畑に槍を立て、それに草鞋及び食糧をくくりつけていた。そして、戦になるとすぐに駆けつける用意を怠らなかった。それに対して、山内氏は入国と同時に、兵農分離策を断行し、旧一領具足を農民に格下げし、本百姓としたのである。その後、村方の安定を図るため、彼らを庄屋に採用して、ごく一部に郷士[5]の身分を与えた。この郷士を活用して、郷士制度を確立したのが、野中兼山である。更に、彼は農民を支配する事は、年貢を増やすと同

時に、農民の抵抗を抑制する方法であると考えた。兼山は、郷士を村役人に
し、彼らを使って、年貢を厳しく取り立てたのである。当然、彼らは不満を
持ち、それらは土佐藩の財政改革の不安定要因となった。なぜならば、兼山
は郷士制度を活用したが、山内氏に批判的な農民を武士階級の一員とし、そ
の反抗を封じるとともに、藩政に衷心より協力させたこの政策は、兼山の諸
政策の中で最も成功したものだからである。その目的は、以下の通りである。
すなわち、

　一、長宗我部の遺臣を懐柔して国内の治安を保つため。
　一、不毛の原野を開墾せしめて耕作田地を新たに得るため。
　一、一旦緩急ある場合の準備として兵力を充実するため [6]。

　このようにして、野中兼山は多くの長宗我部遺臣を取り立てたのである [7]。
土地を 3 町以上開拓し、農地に住む事を条件として、彼らを郷士とした。そ
の数は約 1000 人とされる。年貢は容赦なく課せられ、年貢を納める事ので
きない農民は、無償で夫役に駆り出された。兼山は郷士を利用して、農民支
配を強化した。兼山の農民支配の方法は、農民を容易に支配するために、村
の有力者達に、「士農工商」の士の資格を与えるというものであったので、
村の有力者にとっては、大変な名誉であった。この政策は、土佐藩にとって
は大きな恩恵を与えるものであったが、後の兼山弾劾の一因になっていく。

(3)　新田開発の奨励
　新田開発は、土佐藩に限られた事業ではなかったが、特に、土佐藩はこれ
を強力に推進する必要があった。それは、平野の狭い土佐では、地高に対し
水田が極めて少なかったからである。米の生産量が少ない土佐藩では、他藩
並みに米を藩外に積み出し、藩財政の財源とする事は容易ではなかった。野
中兼山が関わった新田開発は、1636（寛永 13）年に養父野中直継が亡くなり、
その後継者となった時から、1663（寛文 3）年に 43 歳で泉下の人となる約 27
年間であった。当時の土佐藩の耕地は荒廃しており、財政悪化の一因となっ

ていた。そこで、兼山は積極的に土地を開墾する事に乗り出した。具体的には、前述の如く、旧一領具足のごく一部を郷士に取り立てている。この時、取り立てられた郷士を「百人衆」と呼ぶ。兼山は山内氏の強力な兵農分離を緩和し、旧一領具足の子孫を完全に藩政に加え、農民支配を完成する事を期したため、郷士選考の基準は過去の武功であった。

　この第一期の郷士採用に成功した野中兼山は、第二期における郷士起用を開始した。すなわち、「百人並郷士」である。旧一領具足の子孫は、それぞれ現在地で、荒地と散田を見立てて出頭する。こうして、郷士取立は、土佐藩全域のものとなった。これは、経済政策の観点からすると、農業を重視して民の根源とした農本主義政策の採用を意味している。新田開発に関しては、次のような指摘も存在する。すなわち、「高知藩の新田開発がもっぱら郷士開発をもって貫いたことは全国的にみられぬ最大の特色をなしている。1601（慶長6）年に山内氏が遠江掛川6万石から高知藩24万7000石の領主として移封した。土佐藩の新田とはこのときからの開発をいう」[8]と。彼の新田開発の奨励の結果、7万5000石もの新田ができた。これにより、後には米の移出の余裕も生じた。それも一時的な収入ではなく、永続的な収入であったので、後の土佐藩にとって、大変貴重な財源となった。しかし、この増加分は、土佐藩財政には大きく貢献した一方、領民には途轍もない負担となったと考えられる。尚、厳密にいうと、新田ができ、新しい農村の基盤が確立したのは、兼山の失脚後である。山内一豊が土佐に入国して、新田が作られ始めて、1634（寛永11）年までに、6050石増えている。兼山20歳の時であるので、この間にできた新田は、彼と関係のない事になる[9]。

（4）　土木治水事業

　野中兼山の土木治水に対する財政的信念は、農民を使役して土木治水を行う事が、土佐藩の財政的貢献となり、それによって農民の生活は安定し、藩も財政的に潤うというものであった。この信念は、彼が南学より得たものであって、儒教の仁政思想を基盤としている。具体的には、堰や井筋（用水路）の構築を意味する。兼山はこれらを多数構築している。彼はこの大規模工事

に、領民の労働力を投入した。工事は 15 カ所、用水路の総延長は 11 里 17 町に達した。途方もない距離を切り拓く事になったのである。これによって、5400 町の新田が誕生したのだった[10]。

　野中兼山が歴史にその名を残す事ができたのは、川を塞き止め堰や井筋を多く開発した事によっている。川を塞き止めて新田開発を容易にしたのである。例えば、吉野川、物部川、仁淀川及び四万十川の本流、支流が挙げられる[11]。これらの川の下流には荒地が存在しており、ここに前述の新田開発をして、町を作った。それが山田町と御免町である。特に、後者は特記に値する。御免町は、元々稲吉村といい、人口も少なかった。1652（承応元）年、稲吉村新町ができ御免町と名づけられた。兼山は、この地域を発展させようと商業を奨励し、多くの商人を移住させた。そして、彼らを定住させるために、次のような政策を実行した。すなわち、

　一、いろいろなものを売買しても税をかけない。
　一、農民にかけていたような、いろいろな夫役も免ずる。
　一、年貢は納めなくてもよい。
　一、少しであれば、味噌や麹を作ってよい[12]。

　上述のように、これらの土地に移住した者には、税を免除するだけでなく、特権を与えたのである。これらの政策は、当時の人々にとって大変魅力のあるものであった。

（5）　築港と築堤

　野中兼山は、港の改修や堤防建設にも力を注いだ。第一の目的は、海上交通の安全を考えての事であった。第二に、漁業を盛んにする事であった。土佐藩は長い海岸を保有しているにも拘わらず、漁業は不振であった。確かに、兼山は農耕に第一の重点を置いていたが、漁業も重視していた。土佐藩の貿易のためにも、港の建設は不可欠であった。当時の港としては、手結港、室津港及び津呂港がある[13]。しかし、この中で、兼山が命令して造らせた港

として確かなものは、手結港と津呂港だといわれている。この頃、土佐と大坂は、船で5日間ぐらいで到達する事が可能であった。しかし、船で一番危険だったのは、海が荒れた時である。加えて、船は風の力と人の力で運行されていたので、すぐに避難する事が困難であった。船の交通には、こうした欠点があったが、大坂へ土佐藩の産物を輸送したり、大坂の品物を土佐藩に運び商売するには、一番の方法であった。すなわち、一度に大量の物資を運ぶ事ができるのは、船だけだったのである。大坂へ船で輸送した品物は、主に檜等の材木と鰹節であった。こうした品物を大坂で売りさばく事で、兼山は土佐藩の財政を豊かにしようと考えた。そして、商人が出荷する木材には、税を課している。この海運輸送の危険を最小限に防ぐには、時化の時、風波からすぐに避難できる港がどうしても必要であった。

（6） 課税方法の改定

　野中兼山は、直接税の改定を積極的に行った。例えば、材木の移出税[14]、航海税[15] 及び奢侈税[16] の採用が挙げられる。このうちの奢侈税は、庶民の贅沢排除を目的としていた。更に、兼山は間接税の官業化を図った。すなわち、次に述べる専売法の制定である。これにより、紙、茶及び漆等の産業を保護したのである。

（7） 藩営企業の拡大（専売制）

　土佐藩の財政を豊かにする事は、藩の急務であった。参勤交代や幕府からの普請命令等で出費が嵩んでいた。そこで、野中兼山は収入を増加させるため、新田開発や藩直営の商売と指定商人による独占的商売を認可した。当時、藩内では指定商人にならなければ、商売はできなかった。指定商人になると莫大な利潤を得る事ができたので、当然の事ながら、指定商人になるため、商人はあらゆる手立てを駆使した。一方、土佐藩は、指定商人を選定すると、運上金という、税金を多く納めさせ、藩の財政は潤った。指定商人は多少高額な税金を納めても、独占的商売が可能となるので、品物の売買による儲けが多く、不服があろうはずがなかった。すなわち、兼山は、商人達に自由や

特権を与えて保護したのである。これが農村、山村及び漁村における藩内商人に力を与え、商業利潤の多くは彼らの手に帰するようになった。兼山は、農民保護と領内開発の資金に苦しむ土佐藩の財政に鑑み、強力な専売制[17]を土台とし、郷士出身者と問屋等を利用して、その利益を藩に組み入れようと努力した[18]。その結果、発達したのが、前述の御免町である。御免町では、取引は無税であり、売買が促進された。しかし、次第に商人達の中に、投機的に利潤を追及するものが登場してきた。そのため、兼山は商人の活動を抑制し、藩営商業の拡大を試みた。結果として、藩直営の商売と指定商人による独占的商売が併存する事になった。そこで、兼山は指定商人から税金を納めさせる事にした。一種の統制経済の採用である。しかし、この統制経済には抜け道があった。すなわち、特定商人になるために賄賂が多く用いられたり、売る品物がなくなる商人も多く出た。町や漁村の商人は困窮の果てに、他国に逃亡した。つまり「走り者」の発生である。兼山は緻密な性格で山村の隅々まで目が行き届いていた上に、非情な厳しさを保有していた。農民や山村の領民には、過酷な労働と重い年貢が課されていたのであり、それに耐えられなくなった者達は、命を掛けて走り者となったのである[19]。逃げて行った先は、隣の伊予や阿波が多かった。逃亡者が出る事は、為政者にとっては租税と夫役の損失となり、走り者への監視は極めて厳重であった。「百姓は、生かさぬよう、殺さぬよう」、「百姓と菜種油は絞れば絞るほどでる」という言葉の通りに兼山は実行したのである。

　しかし、専売制度が実施された結果、売る品物がなくなり、生活ができなくなった商人が多く出てきた他、品物を買う庶民は、高い価格で買わざるを得なくなった。その結果、物価は上昇し、武士の生活に大きな影響が出た。特権を得た一部の商人のみが、莫大な利益を獲得できたのである。

（8）　殖 産 興 業

　郷士の取立により強化された統治組織を基盤として、野中兼山は産業の発展を図り、物産の増殖を計画した。土地を開墾し、有用な作物を選び、栽培を推奨したのである。例えば、桑、木綿、麻、薬草及び椎茸の栽培が挙げら

れる。また、蜜蜂を飼養したり[20]、鯉等の水産振興を試みたり、「潮ふく魚が泳ぎよる」と「よさこい節」で歌われた捕鯨を導入したり[21]、また、瀬戸焼きという陶器の製作にも力を注いだ。兼山の貪欲ともいえる殖産興業策は、多種多様にわたっている。これらの試みは、他藩に先駆けた先進的な財政運営といえるものであった。

　野中兼山の財政改革には、ないものは作り、あるものは利用するという合理的発想が基礎としてあった。藩の8割が山林という事は、このあり余る山林を利用して、収益を挙げる事ができるはずであった。そこで目をつけたのが、檜や杉材である。これらは、すでに銘木として江戸では名が通っていたので、販売には全く支障がなかった。そこで、兼山は大々的に伐採して、これらを商品化すればよいと考えた。そのために、彼は大坂の材木商人と藩とを結びつけ、大量の檜や杉を売却したのである。その伐採の労役には、多くの領民が駆り出され、重労働を強いられる事となった。まさに、鬼のように荒っぽい人使いであった。しかし、兼山は、無計画に山林を切り倒した訳ではなかった。兼山は、乱伐が自然災害を生み出す元凶となる事を十分に認識していた。建築材には50～60年、薪や雑木は15～20年というように、樹木の成長に合わせて伐採するという「伐採法」を制定して、資源の枯渇を防いだのである。

（9）　外国との貿易

　最後に、野中兼山は、高知城の中に長崎倉という特殊な倉庫を建設し、貿易の対象となる産物を保管し、また一方で、輸入した物品を貯蓄する事にした。貿易のためには、通訳が当然必要であり、3人を専任担当者にするために、長崎に派遣し、主に支那語を学ばせた。

　特に、土佐藩の財政改革に直接多大な貢献をしたのは、（6）直接税の改定、（7）専売制及び（8）殖産興業の諸策と思惟される。その他の諸策も、間接的ではあるが、藩の財政状況の好転に寄与している[22]。

註

1) 寺石正路（閲）、川添陽『野中兼山』高知県教育会、1937 年、52 頁。

2) 小川俊夫、前掲書、32 頁。

3) 詳細は、同上、31～32 頁参照。

4) 同上、33～39 頁及び横川末吉、前掲書、131～135 頁を参照されたい。

5) 郷士は、基本的に在郷武士であり、下士の上位に位置づけられた。長宗我部遺臣の一領具足の系譜を引く者が多く、1613（慶長 18）年の香美郡山田村の開発で取り立てられた慶長郷士から始まっている。野中兼山は、すでに前例のあった郷士を制度化して、活用したのである。「郷」の意味については、新人物往来社編『別冊歴史読本 59　江戸諸藩役人役職白書』新人物往来社、1998 年が詳細である。

6) 平池久義、前掲論文、5 頁。

7) 彼らは、一応、藩政に従順であったが、村落内における勢力は強く、山内氏は入国早々彼らの一部を村役人に任用した。しかし、長宗我部氏の末期、約 1 万人と数えられた彼らの子孫は、不満と不安を持ちつつ土佐の山野に住んでいた。彼らは祖先の栄光に誇りを持っていたのである。

8) 菊地利夫『新田開発　改訂増補』古今書院、1986 年、84 頁。

9) 小川俊夫、前掲書、88 頁参照。

10) 萩原裕雄『地方再生は江戸に学べ──藩政改革を成功に導いたスペシャリストたち──』三空出版、2015 年、位置 No.1863 参照（電子書籍として配信、kindle 版）。

11) 吉野川水系の堰と井筋、物部川の堰、仁淀川の堰と井筋等に関しては、小川俊夫、前掲書、51～86 頁が詳細である。

12) 同上、65 頁。

13) これらの港の改修に関しては、同上、93～97 頁が詳細である。

14) 土佐藩は屈指の森林国であり、大坂や京都への材木の搬出に課税して、藩の財源とした。

15) 船の帆の面積に応じて、税率を定めた。後に造船業者への課税も行った。

16) これは、本文の経費支出行為とも関連するが、酒や煙草等に課税を行った。

17) 専売品となったのは、茶、紙、漆及び油を中心に、鰯、塩辛、小間物類にまで及んだ。

18) 横川末吉、前掲書、40 頁参照。

19) 走り者については、連座制といって、走り者になった人の仕事に関わりのあった者にも責任を取らせた。更に、走り者に関わりがなくても、親類や縁者というだけで、責任が及んだ（小川俊夫、前掲書、40 頁参照）。

20) 砂糖のない当時の糖分補給源として、蜂蜜があった。土佐の蜂蜜は他国産のものより良種が多く、養蜂には山内忠義も熱心であった。野中兼山自身も紀伊水道で帆柱についた蜜蜂を飼養している。

21) 土佐藩では、津呂、浮津及び窪津に捕鯨の基地を設置し、藩では鯨組を保護し、重要な財源とした。鯨組を構成する人数は、経営管理担当者約 20 人、捕鯨従事者

約 500 人、解体処理、鍛冶屋及び大工約 150 人で総勢約 700 人であった。出航する
舟は、鯨に銛を打ち込む勢子舟約 17 艘、鯨を囲む網を積んだ双海舟を引く網つき
舟約 8 艘、網縄舟約 2 艘だった。漁獲方法は、沿岸に回遊してきた鯨を捕獲するも
ので、年間 300 ～ 400 頭程度だった（山本敦司編『江戸の財政再建 20 人の知恵』
扶桑社、1998 年、85 頁）。

22）野中兼山の土佐藩の執政を 3 期に区分する事が可能であるとすれば、南学の導入
と新田開発事業の開始は初期に、郷士への取立と殖産興業は中期に、専売制は後期
を中心に実行されている（横川末吉、前掲書、38 頁）。

第 5 節　むすびにかえて

　当時、幕府は何とかして諸藩の力を削ぐために、参勤交代や普請等で費用
を支出させようと躍起になっていた。当然、各藩の財政改革が成功して諸藩
が豊かになる事は、決して望ましい事ではなかったはずである。しかし、各
藩も生き残りのために財政改革を行い、少しでも財源を確保できるよう躍起
になっていた。土佐藩もその例に漏れない。野中兼山の努力によって、藩の
財政は赤字体質から脱却した。藩内は豊かになり、生活も向上したのである。
しかし、その反面、兼山に対する風当たりは強くなっていった。すなわち、
財政改革が成功した結果、その幕引きを願う重臣達が動き始めたのである。
どの時代にもそうであるが、執政が長期間に渡ると飽きられてくる。これは、
兼山にとっても宿命であったと思量される。

　それでは、野中兼山の実行した財政改革は成功したのであろうか。それは、
短期と長期に分けて考察されねばならないであろう。

　まず、短期的観点から、野中兼山の財政改革を考察する事にしよう。この
場合、成功と失敗に見解が分かれるといってよいであろう。前者は、兼山の
実績、具体的には新田開発、堰の構築、港湾整備、産業の育成及び特産品の
専売制等を高く評価している。後者の場合、致命的なのは、兼山が失脚して
その財政改革が否定された事に起因している。

　次に、長期的観点から、野中兼山の財政改革を考察する事にしよう。兼山
は、極めて多くの財政改革を試みている。その中には、短期的観点のみでは

評価できず、長期的観点で初めて評価可能なものが多数存在する。例えば、郷士取立、土木事業、港湾整備及び殖産興業等である。特に、兼山の失脚後、山林伐採の制限を緩和したために、土佐藩の山々は禿山になり、深刻な問題を惹起している。

　確かに、野中兼山は晩年に失脚している。3代藩主山内忠豊となり、彼により解任されたのである。その理由は多説存在するが、ただひとついえる事は、兼山が強制的な多くの財政改革を用いた事が挙げられよう。これは兼山の性格的なものでもあった。

　いずれにしても、野中兼山の財政改革による新田開発等が基盤となり、土佐藩は 1700（元禄 13）年には内高約 39 万 2000 石、明治維新の廃藩前の 1870（明治 3）年には、49 万 4000 石余りの大藩となっていたのである。

野中兼山関係略年表

1615（元和元）年	野中良明の子として、野中兼山、播磨国姫路に生誕（父野中良明、母お萬）。大坂夏の陣にて豊臣家滅亡。長宗我部盛親、処刑。
1618（元和 4 ）年	父良明死去。母とともに土佐に移り野中直継を頼る。
1621（元和 7 ）年	直継を中心として元和の改革開始。
1622（元和 8 ）年	養父直継、奉行職に就任。
1623（元和 9 ）年	村上改検地。野中益継、死去。
1624（寛永元）年	田地割替制開始。
1627（寛永 4 ）年	直継の養子となる。御所用木材献上。
1629（寛永 6 ）年	母お萬、良明の遺品を授けて兼山を戒める。
1630（寛永 7 ）年	納屋堀掟を制定。直継、野市村を開拓。
1631（寛永 8 ）年	兼山、奉行職に就任。
1632（寛永 9 ）年	金剛福寺修営。
1633（寛永10）年	国分寺修営。
1636（寛永13）年	直継、死去。兼山、野中家を継ぎ本山の領主となる。
1637（寛永14）年	島原の乱の平定のため浦戸に出向。仏を捨て儒に帰す。
1638（寛永15）年	本山地方に用水路を建設。
1639（寛永16）年	山田中井川竣工、山田野地開墾開始。
1640（寛永17）年	長崎にて砂糖を購入。
1644（正保元）年	遠見番所を設置。野市上井川竣工。百人衆郷士取立。鏡野開拓開始。

第1章　野中兼山の財政改革（土佐藩）　　35

1645（正保2）年　庶民の踊、相撲を禁止。金を本山地方で採取。山田上井川竣工。

1646（正保3）年　沖島の国境紛争勃発。松田島開墾を許可。

1648（慶安元）年　領内の酒屋の数を制限。弘岡井筋工事開始。

1649（慶安2）年　軍制を改定。野市村完成。梅ケ窪紙の増産。

1650（慶安3）年　祠堂を建設。火葬を禁止。槇山郷方面の村役人を優遇。

1651（慶安4）年　津呂港改修工事開始。母お萬死去、儒葬儀、幕府から疑惑を受ける。
　　　　　　　　　年貢の金納化を推進。

1652（承応元）年　手結港修築。弘岡井筋工事竣工。捕鯨業の解禁。

1653（承応2）年　紺屋染賃を決定。百人並郷士取立。

1654（承応3）年　鎌田堰着工。長崎交易。

1655（明暦元）年　高岡井筋工事竣工。父養寺竣工。魚移殖。

1656（明暦2）年　篠山国境争論勃発。山内忠義隠居、山内忠豊3代藩主となる。

1657（明暦3）年　新枡の採用。

1658（万治元）年　舟入竣工。郷士を4組に編成、留守居組とする。

1659（万治2）年　高岡井筋工事進捗。兼山、出府。白糸を大坂に転売開始。椎茸技術者
　　　　　　　　　を招聘。

1660（万治3）年　米の売り惜しみ禁止。弘瀬浦掟を制定。

1661（寛文元）年　津呂港竣工。京都より織工を招聘。城下町洪水。専売制の採用。

1662（寛文2）年　国中掟実施。上灘地方の疲弊。

1663（寛文3）年　藩札発行。深尾出羽等、兼山を弾劾。領民の苦情上申。兼山、失脚。
　　　　　　　　　中野に隠居。12月17日、鬼籍の人となる。

（出所：横川末吉『野中兼山』吉川弘文館、1990年、290～295頁及び小川俊夫『野中兼
山』高知新聞社、2001年、168～172頁より作成）

第2章

前田利常の財政改革（加賀藩）
──幕府の目を欺いた明君──

第1節　はじめに

　1600（慶長5）年の関ヶ原の戦い後も、徳川家康にとって、多くの悩みの種が残っていた。家康の勢力圏は、いまだ東国に限定されており、その意味で家康の開いた幕府は、彦根（滋賀県）から東の「東国政権」に過ぎなかった。家康は、残り少ない蠟燭の長さを意識しつつ、老いを重ねて死に近づきつつあった。稀代の策謀家の最大の悩みは、前田家の処遇であったといっても過言ではあるまい。家康の最後の悲願は「豊臣家を滅ぼす」という事であり[1]、徳川家の天下を安泰にするには、豊臣恩顧の最大の大名である前田家の取り潰し以外にはなかったのである。日本史を通覧すると、第二の権力保持者が政権を奪った例は多い。これは、武家の世界では常識といってよいであろう。鎌倉幕府も北条が奪い、その後も大御家人の足利が獲った。徳川自身、豊臣政権下では、最大の大名であった。

　徳川家は、前田家を滅ぼしたいと考えていたであろう。一方、前田家は、それを回避したいと思っていたに違いない。しかし、徳川家は日に日に巨大になっていく。前田家は、このまま豊臣に味方して、ともに滅びる訳にはいかなかった。権力争いの落とし所は、前田利長の隠居しかなかった。これこそが、最も穏やかな解決策と考えられた。利長は直ちに隠居し、前田利常に前田家を継がせる。代替わりしてしまえば、もはや、前田家は豊臣家に義理立てしなくてもよくなる。徳川と前田の高次元の政治取引として、若干13歳の利常が、前田家の当主として誕生したのである。

　当時、幕府が加賀藩を警戒したのは、豊臣家との関係が深かったからであ

る。元来、初代前田利家は豊臣秀吉の親友であり[2]、豊臣秀頼の傅役を務めたばかりではなく、五大老のひとりとして、豊臣政権を支えてきた。2代前田利長も利家の死後、やはり豊臣家五大老に選ばれている。関ヶ原の戦いでは、徳川家康の東軍に属して戦い、論功行賞として、百万石の大名となったものの、幕府はまだ猜疑の目を前田家に向けていた。

　「加賀百万石」[3]の基礎を築いた3代藩主前田利常でさえも、常に幕府から「隙あらば改易へ」と厳しい監視の目を向けられていた。すなわち、利常は「対幕府外交」という大きな課題を保有していたのである。加賀藩の赤字財政に直面していた利常にとって、より重要な課題は、「農政の確立」と「内政の安定」による年貢徴収の増加であった。これを実施するには、まず対幕府外交に取り組み、幕府の信頼を得なければならない。利常は非常に難しい立場にあったが、その危機を乗り越え、財政改革を推進していった。

　具体的に記述すると、前田利常は尚武による外交政策を放棄し、内政の充実に専念したのである。すなわち、文化を高め、経済を立て直したのである。こうして、加賀藩の豊かな生活と藩風が育てられていった。換言するならば、軍事は徳川幕府に任せ、その代わりに、文化は加賀藩に任せてもらうという、現在でいう「文化立国」を目指したのである。しかし、文化を謳歌する事は容易な事ではなく、安定した経済と豊富な財源を必要とした。通常、加賀藩は大国であったので、財政的に豊かであったように思われているが、武家階級の没落は、俸禄の大小に拘わらず他藩と同様であった。武家の没落は、1688年から1704年の元禄期を境に明確になるが、実際には、幕藩体制が確立したと同時に、すでに始まっていた。いわゆる、「流通経済」が発達した頃である。寛永の頃、すでに給人の経済的困難が発生し、その結果、搾取を強化された農民の困窮や負債の激増が、どの藩においても見られたのである。財政のほとんどを年貢米に依存していた諸藩の全てが困難に陥っていたのである。

　本章の目的は、上述のような状況にあった加賀藩前田家の3代藩主前田利常がどのように、幕府の意向を回避しつつ、財政改革を成功させ、「文化立国」を達成させたかを考察する事にある。

註

1) 具体的には、改易、つまり知行や俸禄及び家屋敷を没収する事であった。特に、大名に対する改易は「除封」と呼ばれた。

2) 前田利家は、武辺に優れていただけでなく、学問に関しても熱心であった。彼が好んで使った言葉に「天下有道則見、無道則隠」（書き下し文「天下道あれば則ち見れ、道なければ則ち隠る」）がある（金谷治訳注『論語』岩波書店、2014年、158頁）。天下に道義がある時には表に出るが、道義がない時は隠れて出ないという意味である。すなわち、前田に道義があれば、いつでも戦いを起こすという事である。

3) 周知の如く、「加賀百万石」は、現在では加賀藩を指す固有名詞となっている。石川県を代表する言葉といってよいであろう。1634（寛永11）年に、3代将軍徳川家光が前田家3代藩主の前田利常に与えた領知状によると、加賀、越中及び能登の3カ国で、119万2760石となっている（蔵並省自『百万石大名』桃源社、1965年、29頁）。朱印高が100万石を越える大名は、300諸侯といえども前田氏以外には存在しない。諸大名にあって、石高が大きいとされた薩摩の島津氏でも、朱印高は70万石であり、尾張の徳川氏、仙台の伊達氏でも60万石であった。前田氏のみが、破格の石高を領有していたのである。外様と譜代の大名を通じて最大の雄藩であったといえよう。

第2節　前田利常の生涯

　1593（文禄2）年4月16日、金沢城天守台下局の方から、ひときわ高らかに産声が聞こえてきた。加賀藩祖前田利家の四男前田利常の誕生である。利常は、利家晩年の56歳の時の子であった。そもそも、彼はその生い立ちからして、歴史に登場するはずの人物ではなかった。産声を上げ、へその緒を切った時には、誰も、その赤ん坊が加賀藩の太守になるとは考えてもいなかった。確かに、利家の胤であったけれども、余りにも母親の身分が低過ぎた。当時、利常は「お猿」と名づけられていた。前田家の当主、利家の幼名は「犬千代」であって、「お犬」と呼ばれていた。大名の子供にとって、幼年期の名前は、そのまま身分を表す。徳川家では、徳川家康の幼名「竹千代」が、そして前田家では、利家の幼名「犬千代」が重んじられていた。家を継ぐ嫡子には、必ずといってよいほど、この名がつけられた。すなわち、「犬」と呼ばれている子供だけが、前田家に特別な存在であって、犬から一

番遠い「猿」と名づけられた利常のような子供は、問題外だったのである。

　金沢城主であった前田利家は、1538（天文7）年、尾張愛知郡荒子村の土豪前田利春の四男として誕生、1551（天文20）年、織田信長に仕えて幾多の戦功を重ね、1575（天正3）年、越前府中に3万石余りを与えられ、1581（天正9）年、能登一国を支配する大名となり、初めて一国一城の主となった。更に、1582（天正10）年6月2日、信長が家臣、明智光秀の不意の謀叛により本能寺で自害、豊臣秀吉の天下となり、利家は秀吉より、石川郡と河北郡を加増され、1583（天正11）年4月14日、金沢城に入城した。

　1592（文禄元）年、豊臣秀吉が朝鮮半島侵略を試みた「文禄の役」が生じ、諸大名は肥前国名護屋（現在の佐賀県唐津市鎮西町）に駐留しており[1)]、この時、前田利家の身の回りの世話を命じられたのが、22歳の頃に前田利常の母となる千代保の方であった。彼女は、1570（元亀元）年の生まれで、越前の上木新兵衛の娘だった。母は夫（新兵衛）と死別し、越中の小幡九兵衛と再婚したため、千代保は、九兵衛の養女となり、利家の正室であるお松の方の侍女をしていた。お松の方の代わりに、千代保の方が陣中に赴いたが、利家の子を懐胎して金沢に帰っていったのである。

　前田利常は、女中部屋で日蔭の子として誕生した後、密かに守山城の城代である前田長種の妻（利家の長女）に預けられた。その後、利常は順調に育ち、1598（慶長3）年4月、6歳の春を迎えた。その頃、父前田利家は体調不良により、草津温泉に療養に行く途中、まだ見ぬ利常を一目見ようと、富山の石動に宿泊した。その時、利常は守山城より長種に連れられ、父利家と最初で最後の対面を行った。利家は、利常が長種より厳しい教育を受けて、立派に成長している姿を見て喜ぶと同時に、利常の将来の事を強く案じたという[2)]。その翌年の1599（慶長4）年3月3日、利家は大坂にて、豊臣秀吉の後を追うようにして泉下の人となった。これにより、利家の正室お松の方は芳春院、千代保の方は寿福院と名を改めた。

　1599（慶長4）年3月、前田利常の兄前田利長が父前田利家の家督を相続した。その年の10月、利長が大野修理、土方勘兵衛及び浅野長政達と共謀して、徳川家康を暗殺しようとしているとの噂が広まる。これは、石田三成の

策略のひとつであったが、家康は修理、勘兵衛及び長政達をそれぞれ配流した。更に、家康が前田家打倒のため加賀征伐を企てているとの事が、細川忠興より飛脚をもって利長にもたらされた。これに対して、利長は釈明の使者を送ったが、家康は利長の母芳春院を差し出すように要求した。金沢での評議の結果、心ならずも、利長は芳春院を江戸に「証人」として送る事となった[3]。

1600（慶長5）年、関ヶ原の戦いが生じる。前田利長は芳春院を徳川に証人に出しており、東軍方に与せぬ訳にはいかなかったが、小松城主丹羽長重、大聖寺城主山口玄蕃允は西軍方に与しており、隣の越前もほとんど西軍方であった。ただ、府中城主堀尾帯刀のみ東軍方で、敦賀城主大谷刑部が、北の庄城の青木紀伊守とともに府中を攻撃しようとしているとして、帯刀は利長に援軍を求めた。利長はその要請に答え、弟前田利政とともに越前に出陣する。途中、玄蕃允を討ち取り、越前金津まで出陣したが、西軍の策略に騙された事が分かり、一旦、大聖寺に引き揚げた。金沢に帰城する帰途、長重の奥方と利長の奥方永姫は、ともに織田信長の娘で長重とは義兄弟のため、利長は長重との戦を回避しようとして、浅井畷へ迂回した。しかし、そこで長重の奇襲に遭い、双方に多くの死傷者が出た浅井畷の合戦が起こる。その和睦の条件として、前田利常と長重の弟前田長次の証人交換が行われ戦いは終わった。その結果、利常は守山より小松に連れて来られる事となったのである。

話は前後するが、前田側から前田利家の息子前田利常が証人として、丹羽長重に差し出された時点で、父である利家は、前述の如く、まだ一度も利常の顔を見た事がなかった。つまり、会った事自体がなかったのである。利常を証人とするのが都合がよいと考えついたのは、前田家の家老達であった。証人は、いざという時には殺される。こういう場合、会った事のない、別段可愛くもない子がいれば、まことに好都合であった。前田家の家老達は知恵者揃いであり、「そういえば越中にお猿（利常）というのがいた」と誰かが思いつき、「では、それを証人に」と一同うなずいて、それで利常の証人が決定された[4]。利常にとって意外ではあったが、証人となった彼は、生まれて初めて、回りから大切にされた。前田家にいた時には、利家の子であるにも

拘わらず、相手にもされなかったが、前田家では、利常を下にも置かぬよう
に扱った。ある時、長重が自ら梨を剝き利常に与えた事があった。利常はこ
の事を後々まで覚えていて、家来達によく語ったとされている。利常の異様
さを初めて見抜いたのは、どうもこの長重であったらしい。「利長公はまだ
若くて、子供も出来るだろうけれど、お前さんは何があっても最後には、三
カ国を手にするだろう」5）と8歳の利常を前にして語ったという。利家と前
田利長は凡庸な人物としかいえないが、利常は真に稀有な人物である、と長
重は悟ったのである。すなわち、前田家の総大将になる器であると判断した
のである。

　この頃、関ヶ原の戦いが起こっており、前田利長は、前田利政へ東軍方へ
の加勢に出馬を促したが、利政の奥方（蒲生氏郷の娘）が、西軍方の石田三成
の証人になっており、出馬する事ができず、利政は能登の城に籠もる事に
なった。利長は出馬したが、時すでに遅く、途中越前にて、西軍方の三成の
敗北により、合戦が終わった事を知る。利長は徳川家康の援軍に間に合わな
かった事を残念がったという6）。幸いな事に、合戦に参加する事ができな
かったにも拘わらず、家康から何ら咎めもなく、利長には能登領、小松領及
び大聖寺領が加増された7）。

　関ヶ原の戦い後、徳川家康より、前田利長は世継ぎのない事を尋ねられ、
丹羽長重より聞いていた前田利常を世継ぎにと勧められた。利長は合戦に間
に合わなかった負い目もあり、これを承諾した。更に、利長は利常と家康の
孫に当たる、徳川秀忠の二女であった生まれたばかりの珠姫との結婚の約束
をさせられた。これは、徳川家と前田家の絆を強める一種の政略結婚であっ
た。いずれにしても、関ヶ原の戦いが、利常の運命を大きく変える契機と
なったのである。急に利常の傳役も増え、歴然として、彼は次代藩主になる
ための教育を受けるようになった。

　1604（慶長9）年の春、前田利常は小松城より金沢城に移り、呼び名も正当
に藩主を継ぐ「犬千代」と改め、金沢では、珠姫を正室として迎える準備に
追われた。珠姫はすぐに江戸を発った。道中の慰みに、酢屋権七という江戸
の町人が輿の前後に従い、銀烏帽子に朱の紋付、赤い装束をまとい、面白お

かしく狂言を見せながら、東海道回りで金沢へ入った。徳川家の家臣大久保
忠隣と青山忠成の両名を越前金津の上野まで供をさせ、前田家では、利常の
養育係の前田長種と他数人が、珠姫を出迎えに行き、金津の上野で受渡しの
儀式がなされた。これ以来、前田家と徳川家との婚姻関係が続く事となる。

　1605（慶長10）年春、前田利常は、初めて大坂城で豊臣秀頼と会った。13
歳の少年は、互いに徳川家と政略結婚をしていた。利常は豊臣秀吉から前田
利家に加賀の領地を賜った恩義を身にしみているが、徳川家と姻戚関係に
なったので、すでにこの時、徳川家のために尽くす事を考えていたとされ
る 8）。利常は秀頼と別れた後、駿府城に立ち寄り、大御所となっていた徳川
家康に珠姫との婚儀の礼を述べ、そこで徳川のために力を尽くす事を誓った。
家康は孫婿利常を見て、13歳にしては余りにも凛々しく、かつ徳川のため
に力を貸すという誓いに大いに満足した。更に、利常はその足で珠姫の父で
ある将軍徳川秀忠を訪ねる。そして4月11日、江戸城において利常は元服
を許され、松平姓を賜り、「侍従叙従四位、松平筑前守利光」と改名した。
これをもって、前田家は松平一族に、体制的にも、組み入れられた事になっ
たのである。前田利長は利常が金沢城へ戻って間もない6月28日、まだ働
き盛りの44歳にも拘わらず、隠居し利常に家督を譲った 9）。

　1611（慶長16）年5月、前田利長は、以前にも患った事のある、体に腫れ
物の出る病気を再発した。利長は自分の命が短いと悟り、次のような遺書を
前田利常と諸藩士に残した。すなわち、

　其方の事、速に成人の上、諸篇言の儀難不入事候、我等如斯腫物の再発、
　行歩不叶、病気彼在旨無申斐躰候間未存命の内弥存寄の通家中の面々へ
　も其方儀申置度に付而、両人申是越候、難不及申候万端、両御所様被
　仰出守御置目諸事家中仕置、朝暮無由断可被可懸心事肝要候、将又其方
　儀は不昆自余泰対将軍様可仰奉公の忠身上の儀候条弥以子孫相続候様に
　と存候、猶前田対馬　奥村伊予　申含可得其意候　恐々謹言。
　　　五月十五日羽柴肥前利長
　　松平筑前守殿 10）

と記述し、徳川家康と徳川秀忠に忠義を尽くし、前田家の子孫繁栄を願った。前田利常は兄のこの遺言をしっかりと肝に命じた[11]。その後、家来達の介抱にも拘わらず、前田利長は高岡城で逝去した。享年53歳であった。そして、遺言を残された豊臣秀吉も帰らぬ人となった。残るは、関ヶ原の戦いの勝者となった徳川家康の天下であったが、1616（元和2）年4月、家康にも蝋燭の火が尽きる時が来た。家康は自分が床に就いた際、枕元に利常を呼び、「お点前を殺すように度々将軍（秀忠）に申し出たが、将軍はこれに同意せず、何ら手を打たなかった。それゆえ我らに対する恩義は少しも感じなくてもよいが、将軍の厚恩を肝に銘じよ」[12]といい残したという。しかし、利常は、その後、1631（寛永8）年に秀忠が病気になった折に、金沢城を修復したり、家臣の子弟で優秀な者を選んで、小姓にしたり、大坂の役の際に勲功があったとして追賞したり、他国より船舶を盛んに購入したりした。このために謀叛の嫌疑を掛けられるも、自ら嫡男の前田光高とともに江戸に下った。そして、家老の横山長知の子の横山康玄の奔走もあり、疑いは解かれた。

　前田利常は、極端なほど徳川幕府に気を使った。有名な話であるが、いつの頃からか利常は、鼻毛を伸ばしたままでいるようになったのである。伸びた鼻毛は、利常を愚鈍な大名と思わせた。見かねた家臣が注意したところ、彼は「この鼻毛があるから3カ国も安泰で、お前たちも太平を楽しむ事ができるのだ」と答えたという。またある時は、病気でしばらく登城しないでいた利常が、出仕すると同席の大名達が欠勤の理由を尋ねた。利常は「疝気で腰が立たなかったのでござる」と答え、やにわに袴をたくし上げて「これでも出さねば申し訳が立ち申さず」と一物をさらけ出したという[13]。

　これらの行為は、自身の愚鈍ぶりが、仲間の大名や殿中にいる数寄屋坊主の口から、幕閣の要人の耳に伝わるのを意識した演技であった。すなわち、利常はわざと愚鈍のふりをしてまで、前田家の改易を避けるため、徹底して徳川幕府を欺いたのである。

　その後、嫡男である前田光高の正室に徳川家光の養女大姫（水戸徳川家の徳川頼房の娘）を迎えている。そして、1639（寛永16）年6月に光高に家督を譲った。しかし、1645（正保2）年4月、その光高が急逝し、後を継いだ前田

第 2 章　前田利常の財政改革（加賀藩）　　45

綱紀が 3 歳と幼かった事を理由として、同年 6 月に家光の命により、綱紀の後見人として藩政を補佐する事になった [14]。前田利常は、加賀治世の間、常に徳川将軍家の強い警戒に晒されながらも、巧みにそれをかわし、領地の安泰に努めたのである。内政においては、後述の優れた財政改革のひとつである「改作法」という治績を残した。その結果、「政治は一加賀、二土佐」と讃えられるほどの磐石の態勢を築いたのである。また、御細工所を設立する等、美術、工芸及び芸能等の産業や文化の積極的な保護と奨励を心掛けた。

　一方で、前田綱紀の養育のために、戦国時代の生き残りを綱紀の近くに侍らせて、尚武の気風を吹き込んだ。更に、綱紀の正室には将軍徳川家光の信頼が厚く幕府の重鎮であった保科正之の娘摩須姫を迎える等、徳川家との関係改善に努めた [15]。

　当初、猿と呼ばれ、家督を継ぐ権利どころか、正式な子供としても認められていなかった前田利常は、その後前田家でも明君とされたが、惜しくも 1658（万治元）年 10 月 12 日に脳溢血のため、小松城で点鬼簿の人となった。享年 66 歳であった。小松町で葬儀が執り行われ、能美郡国府村三明野で荼毘に付され、金沢の野田村に遺骨が葬られた。微妙院殿一峯克厳と 諡 せられた事を付記しておく。

註

1）この時、豊臣秀吉は「陣中では、さぞ不自由であろう。ここで洗濯女を雇うように。国元から下女を呼び寄せるのも勝手次第」、「嫉妬するような妻で、下女をつかわさないところは、妻本人が来なさい」といったという。当然、妻は来られない。のこのこ出て行けば「私は嫉妬する妻です」という事になり、物笑いの種になってしまうからであった（磯田道史「殿様の通信簿第 5 回」『小説トリッパー』2005 年春季号、朝日新聞社、2005 年、175 ～ 176 頁）。
2）野村昭子『小松黄門　前田利常公』北国新聞社、1989 年、8 頁。
3）当時、「人質」という言葉は使用されていなかった。「証人」というのは、言葉の綾でしかないが、実質的には人質に他ならない。
4）磯田道史、前掲論文、180 ～ 181 頁参照。
5）同上、181 頁参照。
6）一説では、前田利長と前田利政は加賀藩存続のために、真田家同様に、両軍に分かれる策を採用したといわれている。

7）一方、前田利政は合戦に出馬しなかったという理由により、能登領を没収され、京都嵯峨野に隠居の身とされた。

8）野村昭子、前掲書、17 頁参照。

9）その後、前田利長は越中新川郡 20 万石を隠居領として拝領し、富山城に居を移した。

10）野村昭子、前掲書、20 頁。

11）更に、前田利長は今後を案じ、隠居領のうちの 8 万石を前田利常に返上している。

12）磯田道史、前掲論文、173 頁参照。

13）山本敦司編『江戸の財政再建 20 人の知恵』扶桑社、1998 年、53～54 頁参照。

14）歴史群像編『戦国驍将・知将・奇将伝──乱世を駆けた 62 人の生き様・死に様──』歴史群像、2007 年、353 頁。

15）同上、352 頁。

第 3 節　前田利常以前の加賀藩の財政状況

　本節で取り扱う加賀藩の財政状況の時期は、藩主でいうならば、初代前田利家から、3 代前田利常によって改作法が成立する以前までである。

　加賀藩前田家は、いうまでもなく加賀、能登及び越中の 3 カ国を所領する徳川幕府下の雄藩である。加賀は、1575（天正 3）年、織田信長が柴田勝家に侵入させた後、阿閉貞秀、堀江景忠及び戸次廣正らが、江沼郡、能美郡及び大聖寺等に入って分割領有し、1581（天正 9）年には、佐久間盛政、徳山則秀、村上義明、勝家達に分封された。信長が死去した後、豊臣秀吉によって、1583（天正 11）年、勝家が滅ぼされ、移動が生じた。前田利家と前田利長及び溝口と村上の両氏の他に、丹羽氏が入領している。1593（文禄 2）年には、石川河北両郡の利長の他に、石川郡一部の丹羽長秀、江沼能美両郡の堀秀治がいた。その後も移動が続き、結局、1605（慶長 10）年頃に、大部分が前田領となったのである。同様に、能登に関しては、1577（天正 5）年、畠山氏没後に上杉氏の所領となり、1579（天正 7）年には、上杉氏が追われ、翌年には、信長の配下の長連龍、菅屋長頼、利長、福原行清等が分割領有し、1581（天正 9）年に、一国のほとんどが前田領となった。一国として前田領となったのは、能登が最も早かった。越中も諸大名が分割しており、多くの移動が

あって、1585（天正13）年には、前田領が射水等の3郡に及び、文禄期に入って前田領になっていった。すなわち、これらの事柄を前田氏の成長という観点から考察すると、1575（天正3）年の越中府中3万3000石から、信長、秀吉、徳川家康の3代を経る間に、能登、加賀、越中を順次併合して、1605（慶長10）年頃までには、ほぼ3カ国を統治する大名となったのである[1]。

　すなわち、前田氏は引越大名、ないしは織豊取立大名であり、中世以来、北陸の地に代々定着していた土着勢力ではなかった。家臣団の主流を占め、本座者と称される荒子衆、府中衆等も、前田氏能登入部に従って北陸に移動してきたものであり、いずれも在地性は希薄であった。また、1583（天正11）年に、前田利家が金沢に入って城下町建設が促進され、更に、1614（慶長19）年に、前田利長が泉下の人となると、その家臣は全て金沢に引き揚げる事となり、金沢は多数の武家を抱えた城下町に膨張した[2]。以上のように、前田氏の場合、早くからほとんどの家臣は、城下に集中して居住する形態であった。その結果、在地性を保有しないまま、それぞれの石高に応じた知行地が与えられるという地方知行が実施されていたと考えられる。

　『加賀藩資料』には、前田氏の地方知行が以下のように記述されている。すなわち、

一、天正9年、利家が能登一国を信長から与えられたとき、前年に信長から鹿島半郡を与えられていた長連竜も利家の家臣となり、長氏は鹿島半郡をそのまま与えられた[3]。

二、天正11年、末森の戦功により、押水の内にて、奥村永福に千石、千秋範昌に千俵加増す[4]。

三、天正13年、越中礪波郡蓮沼における佐々勢との戦功により、加州石川郡、河北郡、能州の内にて、村井又兵衛に四千俵を加増す[5]。

四、天正13年、末森の戦功により、河北郡の内にて、奥野弥市郎に八百俵、北村一右衛門に百六十俵加賜す[6]。

五、文禄4年、関白秀次の旧臣今枝重直を越中縄打内をもって、三千石扶持す[7]。

六、慶長 16 年、本多政重来仕にあたり、「以分国之内五万石之所」を与
　える[8]。

　前述の如く、前田氏は戦国大名として、徳川開府以前に、加賀、越中及び
能登の 3 カ国にまたがる判図を領有するまでになっている。しかし、それは
尚、日が浅く、中世以来の土着大名の如く、領域内における政治経済の支配
形態の整備が十分ではなかった。その結果、織豊取立大名として、常備軍を
保有しながらも、藩政初期における 3 カ国の地方支配機構、あるいは領域統
一経済機構は未整備であった。そのため、加賀の一向一揆の流れをくむ農民
の地域支配は、名主層ないしは地侍によって支えられ、商品流通も地方的小
経営圏に限定されていたので、給人をもって、これらの地方支配を行わざる
を得なかったのである[9]。要するに、加賀藩は中世的知行形態の遺制ともい
うべき地方知行をもって始まった、といえよう。1581（天正 9）年 8 月、織田
信長より能登を与えられた前田利家は、入国後、早速検地を実施し、1582
（天正 10）年分より年貢徴収を行った[10]。この時期の年貢は、米納を基本と
していた[11]。
　加賀藩は勿論の事、諸大名の石高を示す米を直接生産するのは農民である。
そこで、農民が従事して生活していくための必要最低限度の経費を差し引い
て考える必要があろう。換言するならば、いわゆる「四公六民」とか「五公
五民」と呼ばれる年貢の問題である。更に、家来達に支払う俸禄が存在する。
これらの諸経費を取り除いた残りが、実収納高である。加賀藩においては、
時代による多少の変動はあるが、約 25 万石程度であった[12]。加賀藩は収入
財源の大きな藩で、その格式に応じた巨額の支出も必要とされた。換言する
ならば、いかに大藩といえども、財源には限界がある。支出が増大し、収入
を超えれば、当然、過去の貯蓄を切り崩さざるを得ないのは、当時も現在も
全く同じである。
　近世前期において、米は支配者にとって特に重視されていた。この米の直
接生産に従事する農民は、封建社会において、生産に全力を尽くす階層に属
し、その生産物を租税として上納する。すなわち、武家支配者達の存在を支

持するための貢納をもって、存在理由を与えられていたのである。一方、武家支配者達の側から考えれば、農民を土地に定着させ、移住の自由を与えず、転業の自由さえも付与せず、粗衣粗食の生活を強いて、一所懸命農作に従事し、貢納の義務を果たす者を善良なる農民と考えたのである。それゆえ、農民の生活を向上させない事こそが、基本方針であったといえよう[13]。すなわち、農民達は、飢餓を免れるだけの最低限の生活を強制されていたのであり、農業に従事して生産した作物の中で、生活に必要な最低限の部分だけを残し、その他のものは全て貢納させられたのである。米を作る農民達に対する容赦のない取立である苛斂誅求が、いかに厳しいものであったかが想像される。確かに、百姓は天下の根本であり、農は国の本であるという、西洋でいう「重農主義（physiocracy, physiocratie）」に近い考え方は存在していたが、それは結局のところ、租税徴収のためであったといっても過言ではあるまい。

　加賀藩成立当初においては、貢納は「検見の法」[14]によっていた。そのため、農民はできるだけ少ない貢納を望み、給人は、少しでも多く取り立てようとし、両者の間に諸問題が生じた。更に、太平の世になり、生活も向上するに従って、給人の経済的困窮が増してくると、彼らは農民からの貢納を強化した。その結果、農民の困窮や負債の激増が起こった。結局、こうした問題は、給人が自己の知行地から直接、租税を徴収する事を認めたために惹起されたものである。そこで前田利常は、給人の知行地の直接支配を禁止し、また、貢納も豊凶によって変えない「定免法」を実施したのである。加えて、苦しい農民には、春貸秋納を原則とした[15]。また、真面目に働く農民と怠ける農民を区別して、真面目な農民を助成し、怠惰な農民については、追放や強力な指導を加え、農民の労働強化によって年貢の増徴に配慮した。

　ここで、加賀藩成立期の石高と免について、簡単に触れておく事にしよう。「免」とは、石盛の数量の中から免じて取る意で、江戸時代に使用された年貢の税率を示す指標である。免ひとつは石高1石に対する年貢1斗と見なされていた。例えば、「草高七百石免四つ」という場合は、標準収穫量が700石でその40％、すなわち280石が年貢である事を示している。加賀藩成立期の石高と免に関しては、元和検地が注目される。実施地域は、加賀3国郡

（能美、石川、河北）と能登国 4 郡である [16]。また、実施時期は、加賀 3 郡では、1615（元和 2）年の秋のみであり、能登国では、1616（元和 2）年の秋と 1620（元和 6）年の冬の 2 回行われたとされる [17]。加賀藩においては、この元和検地により石高基準の徴租法が成立し、村高が固定した後の徴租法は、定免制というべきもので、毎年の定期的な検見の実施を認める事はできない。したがって、これ以降の年貢徴収の強化は、新開高の拡大、固定された村高の増免及び新田の増免という 3 つの方法で行われた。以上の分析により、元和検地は、領主による最大限度の年貢獲得方法の画期的転換であったと思惟される。

　次に、年貢徴収に関して分析する事にしよう。加賀藩初期の「免」については、以下のように『加賀藩資料』に記されている。すなわち、

　　御給人方御収納被成様、其以前は御給人・相対に而 [18]。
　　諸給人小百姓相対に而、在々一作おろし免相相定候 [19]。

　以上の事から理解できるように、当時の免は給人と百姓の間で決められる「相対免」であった。しかし、相対で決定するといっても、給人の方に大きな権力があった。その意味で、支配者たる給人の一方的意志によって、免の決定がなされた事は否めない事実であろう。要するに、加賀藩初期には、相対免が通例とされていたとはいえ、免の決定権は、やはり給人側に保持されていたといえよう [20]。

　また、年貢の率も、加賀藩初期においては、領内一律の規定は存在しなかった。支配地域によって、「三免引」、「五免引」、「二半免引」、「百俵に付 25 俵」、「百俵に付 18 俵」、「三つ二歩」、「六つ一歩」等と多様に表現されている [21]。また、二公一民という極端な地域もあった。すなわち、免と同様に税率も給人の一方的意志によって、決定されていたのである。年貢の徴収に関しては、徹底した追求がなされた。皆済不能の場合には、単なる処罰に留まらず、代償として使役や夫役が課されていた。使役は当然の事として行われ、かつ、相当に苛酷なものであった。更に、夫役に関しては、物納であ

る年貢とともに、貢祖の一形態として早くから課せられていた。特に、年貢未進の場合、その償いとして、婦女子にさえも使役がなされていたのである。

　加賀藩の藩祖である前田利家は、織田信長の命を受け、「加賀の一向一揆」を鎮圧した。その際、門徒 1000 人以上を処刑したともいわれる。この一揆の影響は、労働人口を減少させ、財政的には、江戸時代に入っても、年貢の徴収額は思うように増加しなかった。一方、前田家は、百万石を有する巨大な外様大名であったため、幕府より度重なる普請や軍役を命ぜられ、あるいは、家格を維持するための交際費等により、その支出は嵩むばかりであった。このため、家臣や代官、すなわち年貢の徴収に当たる給人は、更に、厳しく年貢を取り立てようとしたが、父祖を惨殺された農民達の怒りを増大させ、捨て身の職場放棄や逃散を招くばかりであった。しかも、これ以上に農民を追い詰め、大規模な一揆を起こさせた場合、幕府に藩政に対する介入の糸口を与え、藩の運営能力を問われ、改易を受ける事は必定という危機的財政状況にあったのである。

　すなわち、加賀藩は、成立当時の百万石という財源の上に安住していたのである。天下太平の江戸時代が時を経るに従い、加賀藩の支出は増加したが、収入増加を試みる財政改革は、後述の「改作法」の制定までなされなかった、といってよいであろう。

　　　　註
1）中村吉治「初期加賀藩の貢祖について」『東北帝國大學研究年報　經濟學』第 9 號、岩波書店、1928 年、173〜174 頁参照。
2）蔵並省自「加賀藩初期地方知行制度とその変質」『日本大学文理学部（三島）研究年報』第 16 号、日本大学文理学部、1968 年、13 頁参照。
3）前田育徳会編『加賀藩史料　第 1 編』清文堂出版、1980 年、111 頁。
4）同上、260〜261 頁。
5）同上、282 頁。
6）同上、324 頁。
7）同上、532〜533 頁。
8）前田育徳会編『加賀藩史料　第 2 編』清文堂出版、1980 年、114 頁。
9）蔵並省自、前掲論文、15 頁参照。
10）見瀬和雄『幕藩制市場と藩財政』巌南堂書店、1998 年、15 頁。

52

11) 米納を基本としつつも、金納も認めていた。ただし、1589（天正17）年には、米納年貢制が確立された（同上、16頁）。

12) 蔵並省自、前掲書、31頁。

13) 本多正信の記した『本佐録』には、「百姓は天下の根本であるから、財が余分に残らないように、また、不足しないように治めるのが支配者の道である」、長岡藩の儒臣高野常道の著とされる『昇平夜話』には、「百姓は飢寒に困窮しない程度に養わなければいけない。生活が豊かすぎると農業を厭って怠け、困窮がはなはだしいと逃げ出してしまう。だから、百姓共は、死なぬように生きぬように、という程度にしておいて、残りはすべて年貢として出させるように」とある（同上、43頁参照）。

14)「検見の法」とは、その年の作柄の豊凶に応じて税率を変える納税方法をいう。

15) 現在の財政学の租税原則でいう「便宜の原則（principle of convenience）」の適用といえよう。

16) 若林喜三郎編『加賀藩社会経済史の研究』名著出版、1980年、40頁。

17) 同上。

18) 前田育徳会、前掲書（第2編）、76頁。

19) 同上、634頁。

20) 蔵並省自、前掲論文、18～19頁参照。

21) 同上、20頁参照。

第4節　前田利常の財政改革

　冒頭に述べた如く、前田利常は徳川幕府との政治及び軍備の対立を避け、文化立国を目指す事を選択した。しかし、加賀藩の文化を充実させるためには、多大な財源を必要とする。財政の大部分を年貢米に依存していた加賀藩は、その困難を克服しなければならなかった。加賀藩の3代藩主利常は、江戸時代前期において、財政改革の一環として、「十村制」を採用した。十村制とは、地方の有力な農民を十村として懐柔し、いわば現場監督として利用する事により、農村全体を管理監督し、徴税を円滑にする制度である。この十村制は、「改作法」へと発展し、十村はその業務を拡充し、加賀藩は勿論の事、富山藩及び大聖寺藩における農政の実務機関としての役割を十二分に果たした。

　十村とは、十村制のために特権を与えられた農民をいう。彼らは、旧来の

有力豪農や帰農した旧武家等藩主から、信任を得て任命された場合が多く、一向一揆の監視対策も兼ね、所属宗旨としては、真言宗や禅宗である場合がほとんどである。十村は、郡奉行あるいは改作奉行の下位、肝煎や庄屋の上位に位置する。はじめは、10 カ所ほどの村を束ねる役割を担っていたため十村と称したが、後には、数十カ所の村を束ねる十村も出現した。十村は、上位から、組無御扶持人十村、組持御扶持人十村及び平十村に区分され、更に、各区分が三分される計 9 段階の序列が存在した。十村には、役料として支配下の 15 歳から 60 歳の男子から、年に米 2 升が徴収され充当された。世襲ではないものの、基本的には、村を束ねる豪農が任命されるため、事実上世襲に近いものであった。ひとつの十村が管轄する範囲を「組」と呼び、当初は、十村の名前を冠して呼んでいたが、後には、地名を冠するようになった。

　給人制度の欠点は、大別すると 2 つあった。第一に、徴税を担当するのが藩の役人または家臣であったために、農民達の反感を招いていた事である。第二に、各給人がそれぞれの知行地の年貢を徴収していた事であった。知行地は入り組んで配置されていたため、近隣の給人間で競争意識が強く、年貢の徴収は厳しくなる一方であった。他方、農村部では、一向一揆の際に組織された門徒指導者を中心とする社会秩序が、江戸時代になっても厳然と機能していた。この事に着目した前田利常は、農村の監督及び徴税を農民の有力者に任せる事にしたのである[1]。

　それでは、十村制の利点はどこにあったのであろうか。第一に、農民達への恩恵が挙げられる。すなわち、父祖を虐殺した仇敵である前田家の侍や役人ではなく、父祖の時代からの信頼が篤い農民が徴税を担当するために、抵抗感が少ない事である。実際、十村制導入以後、逃散する農民は激減した。また、一定の年貢さえ納入すれば、以前のような困窮状態から免れる事ができた。第二に、十村への恩恵が挙げられる。換言するならば、十村達は、事実上、既得権を加賀藩から追認された形となり、扶持も与えられる事になった。しかも、その権利は、多くの場合世襲に近い形で継承された。最後に、藩に対する恩恵が挙げられる。これは、藩の財政困窮を解決する上で大きな

意味を持っていた。すなわち、農村の安定により年貢が安定的に確保できたのである。更に、徴税が厳しく農民が不平を訴えたとしても、十村は農民であるため、農民同士の争いに藩が直接介入する必要がなくなった。以上のように、三者に恩恵がある十村制は、全国に比類のない財政改革のひとつであったといえよう。

　前田利常は、50年間にも及ぶその治世の大半をこの財政改革に費やし、十村の年貢体系（租税体系）を確立させた。この結果、家臣は農民からの直接収入権を奪われ、藩から支給される扶持により生活せざるを得なくなった[2]。

　1645（正保2）年、前田光高の急死後、孫の前田綱紀が3歳で家督を継ぐと、前田利常は再び藩政を握り、加賀藩農政の基本となる「改作法」を1651（慶安4）年から実施し、1656（明暦2）年に、村御印を各村に与えほぼ完成させている。これは、前述の十村制を発展させたものである。改作法により村方の年貢の率を一定化し、藩財政を安定化させる一方、検地による隠田摘発や辰巳用水の開削[3]や新田開発により年貢増徴を図った。これは、貧農の救済と年貢の徹底を定めたものである。利常は改作法の施行を徹底させるため、農政に専念する改作奉行を新たに設けた。

　加賀の一向一揆鎮圧に伴う武士と農民との軋轢は、前述の十村制の制定により、ある程度の緩和を見るに至った。しかし、農民の職場放棄や逃散の数は減少したものの、一揆鎮圧時の多数の処刑による人口減少に端を発した、農産物の生産性の低下は著しいものであった。当然の事ながら、年貢の徴税額は予定通りには上昇しなかった。前田利常は、税収を上げるためには、まず農民の暮らしを安定させ、その一方で富を与え過ぎると労働意欲が減退するので、厳格な徴税の仕組みが必要であると考えた。利常の改作法の内容は、農政全般を包括するもので、簡単に説明する事は困難であるが、要点は以下のようなものである。すなわち、

　一、給人の知行地に対する直接支配を禁止し、藩主が土地及び百姓を直接掌握する。

一、収納の仕事は、全て十村（大庄屋）をあて、村御印を授け、村役人
　　が責任を持つ。

一、年々の豊凶による検見法を廃して定免法とし、村内まちまちの免租
　　を統一して、平均免を定める。

一、（百姓に対し）産米の足りないときは、貸米によって補足し、豊作の
　　とき弁償させる。

一、田畠永代売買の禁止、住居の制限、倹約の奨励、貸借の禁止、改作
　　入用銀及び作食米の貸与など[4]。

　上述の定めは、農業生産力の向上を目的としていた。そしてこの改作法を施行するに当たり、十村制が十分に活用された事はいうまでもない。十村は藩の役人との調整、農業指導及び労働人口の把握等の実務機関として、行うべき業務を一手に任されたのである。改作入銀及び作食米も、十村を経由して農民達に融資された。改作法が施行された6年間の融資総額は、米7万3000石、銀695貫目にも達している[5]。『石川県史』よると、改作法施行により、「士人は年の豊凶にかかわらず、一定の収納を得るがゆえに、たとえ自己の采地に属する百姓たりとも、直接これを催促するを得ざらしめ、御算用奉行、改作奉行をして監視させた。よって百姓の誅求拷掠の苦を免れ、士人は収納を確実ならしめ、共にこの法を利便とした」と記述されている[6]。

　貧農救済の一方で、耕作を怠けた農民（徒百姓）、年貢を納めなかった農民（蟠り百姓）、あるいは、改作法自体に反対した者への処罰は過酷を極めた。こうした農民の全財産は没収され、精勤に励む農民（律儀百姓）に十村の監視下で分け与えられた。更に、農民自身とその家族は下人とされたり、村を追われたりした。その中には、その罪に応じて鼻や耳を削ぎ落とされる者も存在した。

　前田利常以前の年貢の税率は、前述の如く、その年の農作物の作柄により変動していた。そのため、年ごとに年貢収入に差が生じ、確実な税収を確保できるとは限らなかった。そこで、利常はこれを改めて、税率を固定した。これを「定免制」という。これにより、農作物の余剰分は農民の手に残るよ

うになった。しかし、定免制の計算の基本になっている数値は、財政改革後に達成されるであろう、高い収穫量を前提に計算されたものであった。加賀藩で例外的に、鹿島半郡に独立した地方知行を所有していた重臣の長連頼は、3万1000石を領していた。改作法に倣って検地を実行したところ、十村頭（大庄屋）の園田道閑ら農民と、浦野信里ら在地家臣の反発を招いた。加賀藩は、検地を拒んだ主だった者を皆殺しにした（浦野事件）。その上で、連頼の死後、長家を地方知行から切り離し、鹿島半郡を直接支配する事になった。検地の結果、石高は5万5360石に改定された。このように、藩の石高の計算は非常に厳しいものであった。

　1656（明暦2）年に作成された「百石入用図」によれば、標準収穫量100石の土地の場合、農民の食料、肥料、農具代及び種籾の保留分とされる必要経費が71.8石とされている。100石に対する年貢は40石であり、合計で31.8石の不足となるのだが、改革により標準を12.5石上回る収穫が達成されており、無事に年貢を徴収できたばかりか、農民の手元に余剰分が残ったと記述されている。

　加賀藩領内の村々には、今も年貢を定めた文書が残されている。これらは村御印とも呼ばれ、旧家の蔵等で発見されるのは、1670（寛文10）年に発布されたものが多数である。金沢市立図書館所蔵の「加能越三箇国高物成帳」では、加賀国836、能登国783、越中国1792の見出村があり、合計3411の村に発布されたという記録が残されている。ただし、加賀の江沼郡は大聖寺藩、越中の婦負郡は富山藩であり、この数には含まれていない。また、1670（寛文10）年以降に追加発布された数も含まれている。

　改作法が目的を達成するためには、藩主も十村も農民も限界まで労働する事が前提であり、一部の農民達の抵抗があったが、前田利常はこの改作法を貫き、十村制は効率よく機能し、農民達もこれによく応えた。その結果、藩の年貢収入は改作法施行前から20％増加し、融資した改作銀及び作食米は、僅か1年で回収する事ができた。以後、この改作法は、前田綱紀により更に整備され、父祖の法として加賀藩に受け継がれていく事となった。

　前田利常がこの改作法を施行したのは、1651（慶安4）年から1657（明暦

第 2 章　前田利常の財政改革（加賀藩）　　57

3) 年にかけてで、自ら「この法は、数十年の間苦労し、種々の工夫をして、
ここに出来上がった」と記述している通り、元和年間中の領内総検地以来の
懸案であった。この改作法のための費用は、17 万両ともいわれた [7]。武家
没落が進む中にあって、加賀藩が何とか財政的に持ちこたえる事ができたの
は、この改作法成功によるところが大きかったといえよう。

　前田利常は、土地開発に関しても非常に熱心であった。土地開発が農産物
の収穫増加となり、藩の税収獲得に望ましい事を彼は熟知していたのである。
越中の新川郡舟見野の原野を開拓する事により、500 石を超える米が収穫で
きる事を調査して、小松今江町の青年男女 20 戸余りに、家財道具を与えて、
分村移住させている [8]。そして、彼は農民達が故郷を出発するに当たって、
わざわざ小松城に引見し、直接激励の言葉まで与えている。この熱意に応え
て、今も尚、彼らの子孫が宇奈月温泉の近くに、今江村を作って住み着いて
いるのである。松、杉、檜等の良材保護のため「七木の制」を定めたり、果
樹栽培の奨励をしているのは、林業面における利常の大きな貢献といってよ
いであろう。また、宝達金山の開発や、領内の金銀銅山の調査や採掘を指示
しているのは、鉱山業についての努力の賜物といえよう。京都の宇治から茶
種子を取り寄せて、職人を招いて製茶業の振興に努めたり、麻を栽培させて、
これを縦糸として、小松 表 として知られている 蘭 莚 の品質改良を試みたり、
絹織物の改善のために、機械や技術の向上発展も心掛けている。「そめご
り」といわれている河北潟特有の白魚も、利常の放養によって始められたと
いわれている。

　こうした農政や産業復興策以外にも、金沢城と小松城の修築造営や、天徳
院、那谷寺及び 梯 天満宮等の造営には、天下に名のある美術工芸家を招聘
して、その仕事を与えたので、金沢の美術と石川の工芸の基礎は、前田利常
によって基礎を構築された、といっても過言ではない。また、利常は美術工
芸品も熱心に買い求めたが、加賀藩差回しの〈御道具御買物師〉という役人
が長崎まで出張していた。例えば、1636（寛永 13）年には、矢野と瀬尾とい
う藩士が、京都の古道具屋古文字屋を同行して、唐物の名物裂の買入れに奔
走しているし、同年には、オランダのデルフト陶器を購入したという記録も

残っている [9]。特に、注目されるのは、オランダ商社との取引で、イラン産香料（ラピス・ラズリイ）や他の顔料を購入した事である。これは、やがて開発される支藩大聖寺の九谷焼に、大きな影響を及ぼした [10]。これらの美術品の蒐集が加賀藩の財源増加に与えた影響は計り知れない。その他にも、金沢の市区を整備して道路と橋梁を修築したり、金石までの直線道路を作って沿岸回漕の品々を金沢に運搬しやすくした。各港湾の施設を充実させたり、宿駅の整備も心掛け、領内の交通運輸に配慮している。更に、京都の親交のある公卿達から貰い受けて集めた貴重な文献は、「加賀は天下の書庫」と称せられる尊経閣文庫の糸口を作り出したものともいえよう [11]。

　以上のように、前田利常が、財政や文化の部門に残した功績は多大かつ多角的であったといえよう。江戸幕府の太平の基礎が、3代将軍徳川家光の時になし遂げられたとするならば、加賀藩の礎は3代藩主の利常によって構築されたと思量する。

註

1) 一部の給人達は抵抗したが、多くの農民達は、給人達の搾取方法に辟易していた。

2) この事は、後の5代藩主前田綱紀や6代藩主前田吉徳らの藩主独裁を目指す改革、ひいてはその後の加賀騒動へとつながる。

3) 辰巳用水の開削とは、1632（寛永9）年に行われた城内水利の便を補うためのものである。石川郡上辰巳村から犀川の水を引き、山越を疎通し小立野を経て、これを城内二ノ丸に導入したものである。この用水の目的は、度重なる火災に防火水の必要性があったからといわれている（財団法人前田育英会『前田利常』明治印刷、1958年、36〜37頁）。

4) 戸部新十郎「百万石を固めた前田利常」『Will』第4号、中央公論社、1983年、74頁参照。

5) 前田利常は、鷹狩りと称して領内を自ら検分し、改作法が適切に運用されているか否か、効率のよい作付けがなされているか、遊休地がないかといった事柄を改作奉行や主だった十村達に指示していた。また、労働人口の再分配に従い、故郷から他の土地へ移住させられる事になった農民達を城に呼び、直接ねぎらいの声を掛けている。

6) 戸部新十郎、前掲論文、74頁参照。

7) 同上。

8) 堀田璋左右・川上多助編『微妙公御夜話　全』國史研究會、1916年、5頁参照。

9) 戸部新十郎他『逃げない男たち（上）志に生きる歴史群像』旺文社、1987年、12頁。

10) 前田利常が全国より集めた美術品と工芸品に関しては、財団法人前田育英会、前掲書、73〜78頁が詳細である。

11) 前田利常が蒐集した書籍に関しては、同上、69〜72頁が詳細である。

第5節　むすびにかえて

　以上のように、前田利常は、当時としては奇抜な財政改革を採用した。加賀藩が藩政を固めたのは3代利常の頃である。強権で農民を統治し、年貢米の効率的な確保を実現した。農民には、一切、余剰米が残らないほどの徹底ぶりであった。加賀藩が、いくらかでも財政的に豊かさを保ち得たのは、彼の偉大な貢献である。換言すれば、彼こそ加賀藩を支える財政的基盤を構築した人物であったと思惟される。

　5代前田綱紀の時には、文化の華が開いた。綱紀は能を愛し学問に勤しんだ。九谷焼や輪島塗及び加賀蒔絵も彼が隆盛に導いたものである。

　しかし、前田利常が築き上げた改作法という財政改革による財政状況も、6代前田吉徳からは下り坂となっていった。贅沢な生活を支える莫大な出費や、商業を抑え込む保守的態度が大きな要因であった。幕末には大商人からの借財だけでも、100万両に達したといわれている[1]。2代前田利長以来の親幕路線のため、鳥羽伏見の戦いでは、徳川慶喜に支援軍を送っている。残念ながら、江戸期最大の大藩であった加賀藩は、明治維新に何の貢献もなく、廃藩置県に至ったのである。

註

1) 山本明『江戸三百藩』西東社、2011年、123頁。

前田利常関係略年表

1581（天正9）年	前田利家、能登に入部する（織田信長時代）。
1583（天正11）年	利家、石川、加賀2郡を加封され、金沢に移る（豊臣秀吉時代）。
1593（文禄2）年	加賀藩初代藩主利家の四男として、前田利常生まれる。
1598（慶長3）年	豊臣秀吉、伏見城にて死去する。2代藩主前田利長、豊臣秀頼の傅役となる。
1599（慶長4）年	利家、大坂にて死去する。利長、金沢城を修築する。
1600（慶長5）年	関ヶ原の戦い、東軍勝利する。利長、加賀、能登、越中にて120万石を所領する。
1603（慶長8）年	徳川家康、征夷大将軍となる。
1604（慶長9）年	十村役を初めて能登に置く。
1605（慶長10）年	利常、従四位下侍従兼筑前守に叙任され、松平氏を称す。利長隠居。
1607（慶長12）年	利常、駿府城の修築を課される。
1610（慶長15）年	利常、尾張名古屋城築城の助役として出張し、二ノ丸の石垣を築く。
1611（慶長16）年	利常、越中新川郡亀山銀山の試掘を命ずる。侍屋敷割を実施する。
1614（慶長19）年	利長、高岡にて死去する。正二位権大納言を贈られる。利常、金沢を発して大坂冬の陣に臨む。
1615（元和元）年	利常、金沢町の諸課税役等を規定する。大坂夏の陣に臨む。大坂城落城、秀頼自刃す。利常嫡子前田光高、金沢城に生まれる。秋、元和検地を行う。
1616（元和2）年	家康死去する。城下で町割を実施する。
1620（元和6）年	利常、大坂城の修理を命ぜられる。金沢に堀川を開墾して石川郡宮腰に通ぜしむ。冬、2度目の元和検地を行う。
1623（元和9）年	徳川秀忠、死去する。
1624（寛永元）年	利常、年貢徴収に関する令中を公布する。
1626（寛永3）年	利常、従三位権中納言に叙任される。
1628（寛永5）年	金沢町の負担及び風俗等に関する規定を定める。
1630（寛永7）年	宝達金山を修理修復する。
1631（寛永8）年	幕府、加賀藩の行動を疑う。利常と光高、釈明のため江戸に赴く。
1632（寛永9）年	江戸上屋敷類焼する。辰巳用水を竣工して城内に水を引く。
1633（寛永10）年	利常、新極印銀の鋳造を命ずる。
1635（寛永12）年	侍屋敷に町方火災に関する法規を定める。参勤交代の開始。
1636（寛永13）年	利常、江戸城惣郭の造営を行う。
1637（寛永14）年	金沢の町政に関する規定を定める。士以下の風俗に関する制限を命じる。
1638（寛永15）年	米穀を初めて大坂に輸出して販売する。

第 2 章　前田利常の財政改革（加賀藩）　　　　61

1639（寛永16）年　利常、隠居し、藩主の座を光高に譲る。

1640（寛永17）年　越中新川郡大岩の辺、高原の新田を開墾し、常願寺の用水を作らせる。

1645（正保 2 ）年　光高、江戸にて死去する。前田綱紀、襲封し、利常、国政を監督する。
　　　　　　　　　綱紀の傅役となる。

1648（慶安元）年　利常、総検地を開始する（改作法準備）。

1651（慶安 4 ）年　利常、改作法に着手する。

1656（明暦 2 ）年　利常、改作法を完成する。

1658（万治元）年　10 月 12 日、利常、脳溢血にて小松城で鬼籍の人となる。

（出所：蔵並省自『百万石大名』桃源社、1965 年、195 ～ 196 頁及び財団法人前田育英会
『前田利常』明治印刷、1958 年、利常公年表より作成）

第3章

池田光政の財政改革（岡山藩）
──仁政を敷いた明君──

第1節　はじめに

　江戸時代には、全国に260余りの藩が存在した。その藩が平均12代続いたとすると、江戸時代には、3000人を超える大名が存在した事になる。このうち、現在使われている高等学校の教科書に登場するのは、幕府の老中等を務めた者を除くと10人にも満たない。池田光政は、その数少ない大名のひとりである。光政は「明君」と呼ばれる。儒教でいう賢明な君主、換言するならば、理想の政治家を意味する。「名君」と表記すれば、名高い君主、代表的大名という事になる。当時、全ての藩主が光政のようであった訳ではない。それゆえ、彼は稀有な「明君」として敬慕され、顕彰されたのである。

　岡山藩主であった池田光政は、必ずしも、自ら藩主になる事を望んでいた訳ではなかった。しかし、江戸時代においては、藩主に向いていないからといって、簡単に藩主となるのを辞める事ができなかった。彼らは、幕藩体制下で世襲を強いられた藩主達であった。生まれ落ちた時から、自分の意志とは関係なく、藩主になるための教育を受け、殿様として祭り上げられたのである。光政は、8歳にして藩主の座に就いた。当時、幼年藩主の存在は、珍しい事ではなかった。将軍や藩主は、飾り物でも政治は執れるというのが、幕藩体制下における集団指導制度であり、職制はそのように整えられていた。

　しかしながら、池田光政は幼少であったにも拘わらず、人一倍の責任感を保有していたといってよいだろう。自分はどのようにすれば立派な藩主になれるか、とそればかりを思い悩んでいたという。後に、光政は徳川光圀（水戸藩主）や保科正之（会津藩主）と並んで、江戸初期の「天下の三賢候」のひ

とりとして名を馳せたが、そこに至るまでの道は、大変な努力が必要であった。

　先達の教訓は、時として為政者に強い信念をもたらす。池田光政の学問好きは有名だが、彼の財政改革の基本理念となったのは、儒学であるといってよいであろう。彼は、それまで朱子学一辺倒だった儒学に疑問を持っていた。朱子学重視の風潮は、徳川政権の顧問として参画した林羅山の影響が大きかった。これに対して、光政が共感したのは、中江藤樹が主唱した陽明学であった。光政という人物は、非常に積極的で斬新な感覚の持ち主であった。新しい時代に革新的な学問を採り入れ、そこに治国の希望を見い出している。朱子学全盛の中にあって、光政があえて陽明学を選んだのは、儒学を学者の学問ではなく、領民の学問として普及させようとした考え方に共感したからであった。

　本章執筆の目的は、陽明学を基礎とした池田光政の財政思想を分析し、後世の財政改革及び財政再建への貢献に関して、若干の考察を試みる事にある。

第2節　池田光政の生涯

　後年、30万石の備前岡山藩主になる池田光政は、1609（慶長14）年の4月に生まれ、通称を新太郎といった。いわば、徳川政権の中で関ヶ原の戦いを知らない世代に入る。関ヶ原の戦いは、1600（慶長5）年の事であり、最後の合戦となった大坂夏の陣は、光政6歳という幼少の頃の出来事であった。すでに天下は統一され、藩主は武力ではなく血筋によって決定された時代である。3代将軍の徳川家光が生まれながらの将軍であったように、光政もまた生まれながらにして、藩主の座を約束されていたのである。

　池田光政の遠祖は、清和源氏の流れをくむ源頼光であるといわれる。祖父は姫路52万石の大大名の池田輝政[1]、父は嫡男で備前28万石を治めていた池田利隆である。母の福正院は幕府の重臣であった榊原康政の次女で、2代将軍徳川秀忠の養女として、池田家に嫁いできたという[2]。更に、光政の正

室勝姫は、将軍秀忠の娘千姫と姫路藩主本多忠政の子の本多忠刻の娘である。血筋からいえば、光政は名門揃いで非の打ち所がなかったのである。しかし、1616（元和2）年に、父利隆、加えて、筆頭家老の伊木忠繁が病没する[3]。

　池田光政の性格は、反骨精神に富み、幕府の方針と対立する事もしばしばであった。すなわち、戦国武将のように豪胆なところがあった。そこで、江戸幕府は、光政が8歳という幼少であった事を理由として、要地である姫路の統治を任せられないと考えを巡らせた。1617（元和3）年、筆頭家老（兼築城総奉行）の伊木忠次達が心血を注いだ名城であった姫路城を明け渡し、因幡の鳥取藩32万石の藩主への転出を幕府から命じられた。

　更に、1632（寛永9）年、岡山藩主であった池田光仲（池田光政の従弟）が幼少である事を理由に、再び転出させられた。光政は図らずも新たな岡山藩主として、入封する事になったのである。彼はすでに23歳になっていた。前述の如く、幼年期に父が病没したため、以後は福正院が光政の養育に当たった。彼女は養育に腐心する一方で、吉田栄寿尼と下方覚兵衛達に指導を委ねている。

　池田光政の逸話を数多く収録している『有斐録』[4]によると、少年時代の光政は、自らが人間的に未熟なまま藩主になった事に関して、懊悩するようになり、ついには、夜も寝られぬようになったという[5]。しかし、光政は聖賢の書物である『論語』を読んで篤信し、君子の儒となって領民を案じ教えればよい事に気づき[6]、どうにか眠れるようになったという。以後、光政は儒教の研究に没頭し、儒者の熊沢蕃山や泉仲愛（蕃山の弟）達を招聘した。特に、彼は蕃山から、生涯を通じて多大な影響を受けている。蕃山は名を伯継、通称が次郎八、助右衛門、字を了介という。父は野尻一利で、京都に生まれた。8歳で熊沢家の養子となる。1634（寛永11）年から光政に仕えた。父からは兵書を学び、中江藤樹に受講、光政に学才を認められて、番頭に抜擢された[7]。蕃山は、治山、治水及び飢餓対策等に成果を挙げて、諸藩に名声をとどろかせた。参勤交代で江戸へ出ると、彼に教えを請おうと幕府の重臣や諸公等が殺到したという。しかし、1655（明暦元）年頃から岡山藩の門閥家老との対立が顕著となり、蕃山排斥運動が起こり引退した。その後、光

政の治世を批判し、感情的にも対立した。晩年、下総の古河に移るが、幕政批判のため禁固に処せられた[8]。

　以上のように、人一倍儒教を好んでいた池田光政は、藩士の教育機関である藩校や郷学の整備に力を注いだ。藩校に関しては、1641（寛永18）年に花畠へ花畠教場を、1666（寛文6）年に泉仲愛と津田永忠に命じて、石山へ仮学館を創設している[9]。次に、郷学に関しては、1668（寛文8）年、藩内123カ所へ手習所[10]を設置した後、それを発展させ1670（寛文10）年に和気郡閑谷村へ閑谷学校[11]を設けた。また、閑谷学校には、大塩平八郎、頼山陽、横井小楠、高山彦九郎達が訪れ、西周、大鳥圭介も学び、近代日本の扉が開かれる一助をなした。尚、経営を安定させるため、光政は学校田を付与している。こうした配慮により、講堂等の創設当時の建物が現在に伝えられている。

註

1) 池田輝政の祖母に当たる養徳院は、戦国時代の世にあって、池田家の存亡を蔭で支え続けた人物である。池田光政が母親の胎内に宿った事を見届けて、1608（慶長13）年、94歳で大往生をとげた。

2) 萩原裕雄『地方再生は江戸に学べ——藩政改革を成功に導いたスペシャリストたち——』三空出版、2015年、位置No.1652。

3) 特に、父池田利隆を失った事は、池田光政に多大な影響を与えた。その後、光政を支えたのは、叔父である当時岡山藩主だった池田忠雄であった。忠雄は、従来「ただかつ」と読まれる事が多かったが、寛永諸家系伝の別本である『当家系図』の忠雄の項に「ヲ」とルビがふられており、系図作成当時には、「ただお」と読まれていた事が判明した（浅利尚民「資料紹介　池田光政筆『池田忠雄追悼歌』」『岡山地方史研究』123号、岡山地方史研究会、2011年、31頁参照）。

4) 寛延初頭に藩士三村永忠が編集したもので、内容は精細だが、正鵠を欠くとの見解もある（谷口澄夫『池田光政』吉川弘文館、1994年、245〜246頁）。

5) 柴田一監修『光政と綱政』吉備人出版、1999年、17〜18頁及び萩原裕雄、前掲書、位置No.1664参照。

6) ここでいう「君子の儒」とは、「子謂子夏曰、汝爲君子儒、無爲小人儒」、書き下し文「子、子夏に謂いて曰わく、汝、君子の儒と為れ。小人の儒と為ること無かれ」（金谷治訳注『論語』岩波書店、2014年、113頁）から引用したものである。そして、この箇所から、勉学に励んで大局から物事を観よ、と池田光政は解釈したと思われる。

第 3 章　池田光政の財政改革（岡山藩）　　67

　7）熊沢蕃山に関しての生涯と思想については、後藤陽一『日本思想大系 30　熊沢蕃
　　　山』岩波書店、1971 年、476 ～ 534 頁が極めて詳細である。
　8）小和田哲男指導、山名美和子「池田光政の治世」『名城をゆく 18　岡山城』小学館、
　　　2004 年、23 頁参照。
　9）当初の入学者は 17 人であったが、晩年には 60 人に達した。中には京都、近江及
　　　び紀伊等から遊学した者もいた（柴田一、前掲書、94 頁）。
　10）生徒数は 1 カ所平均 17 人で、年齢は 10 歳前後が最も多く、生徒が最も多かった
　　　のが牛窓村で 53 人であった。村役人や上層農民の子弟は、1 カ月のうち 15 日間通
　　　学させた（同上、110 頁）。
　11）閑谷学校は閑谷黌（こう）ともいう。庶民の学校であり、武士の師弟だけでなく
　　　庶民の子供も入学でき、他藩から来た生徒も学ぶ事ができた。初級から中等程度の
　　　朱子学、習字及び算術を教授した、全国に先駆けて開設された庶民学校であり、後
　　　年、各藩に広がっていく際のひな型となった。閑谷学校に関しては、谷口澄夫「池
　　　田光政」児玉幸多・木村礎編『大名列伝 4　名君篇』人物往来社、1967 年、63 ～
　　　65 頁、山本明『江戸三百藩』西東社、2011 年、225 頁及び小和田哲男、前掲書、
　　　10 頁参照。

第 3 節　池田光政の財政改革の思想的基盤

　前述の如く、池田光政の財政改革は儒教の影響を強く受けている。光政の
学問は歌書や教典等にも及んでいたが、思想的基盤となったのは、儒教をお
いて他にないと考えられる。特に、光政に儒教の重要性を教えたのは、近江
聖人といわれた中江藤樹であった。中江は、「知行合一」の陽明学を唱え、
それまで朱子学だけを認めていた儒学に、疑問を抱いていた人物である。光
政は、陽明学に裏づけられた仁政を藩に採り入れよう、と中江を岡山に招聘
する事を試みたが、それは叶わなかった。そこで、中江の高弟である熊沢蕃
山を登用して藩政に参加させた。蕃山は儒学者としては、破格の 3000 石を
光政から与えられた[1]。光政がいかに学問（儒学）を治国の第一に考えてい
たかが知れよう。
　ところで、当時の儒学とは、いかなるものであったのであろうか。それは、
江戸期の諸改革に欠かせない思想であった。では、どのような経緯から武士
達の間に定着したのかを探ってみる事にしよう。周知の如く、儒学は孔子を

中興の祖とする儒教の研究を行う学問であり、社会秩序の維持のための序列や礼式を尊び、領主は徳をもって仁政を施し、家臣や領民達は職分に応じて主君や領主に忠誠を尽くし、服従すべしという思想を基盤としている。儒教の歴史は 2000 年という長いものであるが、本格的に我が国で学問として研究が盛んになったのは、戦国時代の末期の事である。それ以前は、仏教の補助的な学問として、一部の僧侶達に受容されていただけで、ひとつの思想として、独立していたものではなかった。

　我が国における儒学の発展は、太閤豊臣秀吉の行った文禄及び慶長の朝鮮出兵がきっかけである。李氏朝鮮は朱子学を国教として、多くの儒学者を輩出していたが、その先進文化との遭遇は、勉学旺盛な武将達に大きな刺激を与えたのである。更に、活字による儒学関連書が続々と刊行されるようになり、国内における学問指向は一気に高まりを見せた。また、世情が安定平和に向かい、学問を習得する条件が整ってきた事も後押しとなり、儒学は武将達の間で大流行となった。

　そして、徳川幕府が儒学に基づいて政治体制を固め、政策として、積極的に儒学を奨励した事も、儒学に火をつける事になった。ただし、その基調となったのは朱子学である。これに関しては、林羅山の影響が大きかった。羅山は朱子学に傾倒し、王陽明の陽明学とは明確に区別していた。そのため朱子学は、社会的地位を獲得して、官学的な色彩を帯びる事になったのである。

　朱子学は、簡単にいえば、宇宙の根源を「理」に置いた学問の事で、理は「太極」であり、全ての事象は、その理の発展からできるという考え方を有していた。つまり、政治であれ、経済、道徳及び自然界であれ、この理の展開経過を解き明かせば、解決できないものはないとした。そのために、学問の姿勢は、何事においても一所懸命に考え抜く事が求められた。換言するならば、「静座工夫」あるいは「慎問慎思」の考え方である。

　これに対して、池田光政が共感したのは、中江藤樹が主唱した陽明学であった。換言すれば、王陽明の考え方は「知行合一」である。静座工夫して身につける「知」ではなく、行動して得る知であった。例えば、頭の中で親孝行を知るのではなく、まずは、親孝行という行動によって、その意味を知

る事であった。学者ではなく、戦国の気風を残していた光政にとって、陽明の説に強く魅了されたのは、当然の成り行きだったと思われる。

　上述の如く、池田光政は、非常に積極的で斬新な感覚の所有者であったといえよう。新しい時代に、革新的な学問と思想を採り入れ、そこに治国の希望を見い出したのである。諸藩が徳川の新体制を、いかに乗り切ったらよいか、と試行錯誤を繰り返している時期であった。更に、光政が幕府主導の朱子学全盛の中において、あえて陽明学を選んだのは、儒学を学者固有の学問ではなく、領民の学問として普及させようとしていた、中江一門の姿勢に共感するところがあったのであろう。光政は学問を一般庶民にまで解放して、幅広く普及させる事を強く願っていた。その理由は、藩主がいかに仁政を実践しても、それを理解する力が庶民に備わっていなければ、何の役にも立たない事を承知していたからである。幸いな事に、こうした文教政策は、領民達にも深く浸透して、質実剛健な「備前風」という気風を生み出す事になる。ただし、強制的ともいえる光政の諸政策が、全て安易に受け入れられた訳ではなかった。

　池田光政は、人間というものは教育によって無限に向上していく動物である、と考えていた。そして、その事は自分にも当然当てはまる事として、家臣達からの諫言や苦言も甘受した。特に、光政は自分の一本気な性格をよく理解していたので、周囲の言葉に素直に耳を傾けたのである。そのよい例が「諫箱」[2]の制度である。これは、8代将軍徳川吉宗の目安箱よりも70年も早く実施された制度である。ただ吉宗と異なり、家臣からの諫言を求めるといったもので、領民と距離の近い郡奉行等から、忌憚のない意見を求めるものであった。光政は自ら率先して藩政を率い、自らの行為に対しての評価を甘んじて受け入れたのである。年少の頃から藩主としての重責を担いながらも、光政は決して奢る事なく儒教精神を貫いたのである。その模範となるべき姿勢は、彼の日常生活の中でも見られる。例えば、いつも質素倹約を心掛け、平素は小倉の袴を履き、布団等も紫の色があせるまで使用した[3]。光政は、「倹約とは、奢りを慎むことである。しかし、民を愛し、軍役のたしなみを整えるためには、いくら費用がかかっても、それは当然の勤めであ

70

る」[4]と、その本質をはき違えないように、家臣達へしばしば訓戒したという。光政はこの儒教精神を持って、様々な財政改革に着手している。

註
1) 萩原裕雄、前掲書、位置 No.1686。
2) 現在でいう投書箱であり、1654（承応3）年に設置された。無記名で書いてよく、ひとつは城内に、もうひとつは外下馬門の脇に置かれた（柴田一、前掲書、82 頁）。
3) 萩原裕雄、前掲書、位置 No.1733 ～ 1738 参照。
4) 同上、位置 No.1738 参照。

第4節　池田光政以前の岡山藩の財政状況

　岡山藩では、物成及び夫米、口米、糠藁代の3種類の付加税を総称して定米といい、他に、町屋地子米（銀）、運上銀及び万請代等の雑税をもって、年貢の体系を構成していた。物成徴収は、恐らく土免の法を原則として、検見の法をしばしば採用したものと思われる。尚、物成の僅少部分は麦と大豆で代納させている。ちなみに、1677（延宝5）年では、物成 20 万 3396 石に対して、麦成 2 万 4276 石、大豆成 3624 石となっている[1]。後述の大災害の年である 1654（承応3）年の地方行政制度の変革の時、徴税権の実権は藩に委譲されたが、この事は年貢が藩によって一元的に掌握された意味において、一大変革と呼ぶに相応しいものであった。

　付加税のうち夫米は物成 100 石につき 6 石であり、口米は 2 石であった。1654（承応3）年以前は、給人の所得であったが、同年以後は郡奉行等の役料に充てる事になり、同様に町家地子米の口米も町奉行に下される事となった。糠藁代は、1641（寛永18）年より、物成 100 石につき 6 斗 5 合に定められたという。1677（延宝5）年では、物成 20 万 3396 石に対し、夫米 1 万 2588 石、口米 4109 石、糠藁代 1277 石で合計 1 万 7894 石に達している[2]。更に、地子米（銀）は町家の地租で、地子総計 916 万 8384 石と残地子 875 万 3713 石で、その口米は 17 万 5074 石となっており、後に銀納となった[3]。

第3章　池田光政の財政改革（岡山藩）　　71

　運上金と万請代は、藩財政の窮乏を打開すべき方策として考えられたものであり、在方運上と万請代として、塩運上、伊部運上、漁師運上、雉子わな、板取、鉄砲札、とうあみ等が申しつけられるようになった。1654（承応 3）年、更に、新規運上を加えての上納額は、銀 64 貫目 326 匁、1656 年、1657 年、1658 年には各約 100 貫目であるが、1681（天和元）年には、新規分の内町在の廻船と川筋猟船の運上が免ぜられるとともに、在々運上の中にも減少が見られたため約 400 貫目となった[4]。運上と万請代は幾度かの変遷をたどったが、概して、元禄期に至って網羅的に課税対象が決定された。

　以上の年貢の体系を基礎として、本節では岡山藩確立期の藩の財政状況を考察する事にする。1654（承応 3）年以前の財政収支の実態は、十分な資料を入手する事が困難であるので、当時の岡山藩の財政状態を中心に考察する事としよう。

　1654（承応 3）年当時、岡山藩の借財は膨大であった。それは岡山藩を襲った大災害によるものであった。備前一帯には、1654（承応 3）年 7 月 19 日から 22 日まで大豪雨が降り続き、旭川は 6 メートルほど増水して、本丸の内まで浸水したとされる。その被害状況は、幕府への報告によると、流出、潰失及び破損の家屋数は、侍屋敷 439 軒、歩行並びに足軽屋敷 573 軒、農家 2284 軒にのぼり、荒廃に帰した田畑の高は、1 万 1360 石、流死者 156 人、流死した牛馬 210 頭、その他、各地の橋、池及び井堰等の損壊はおびただしかった[5]。このような未曾有の大災害により、年貢は例年の半分にも足らず、武士も農民も飢餓状態に陥り、死者は 3684 人を数えた。これは、まさに岡山藩政の一大危機であり、この危機の急報を帰国途中の岡崎で聞いた池田光政は、急遽帰城し、災害対策に即座に乗り出した。

　1654（承応 3）年 1 月から 4 月までに「飢扶持」（一人当たり 1 日 1 合の米）を給付された人数は 20 万人を超え、扶持は 1 日 206 石余りであった。尚、普請奉行から提出された復興のための夫役は約 90 万人で、普請及び救済用の経費として、銀 1000 貫目を大坂町人から借用する事にした。また、その他の救済資金として 4 万両を、天樹院の斡旋で幕府から借用した。尚、この年、農民への医療対策として郡医者 10 人を配置しており、大庄屋を廃止して十

村肝煎を設けて、村役人の制度改革を実施した[6]。更に、それまで知行地の年貢の率は、領民によって異なっていたが、池田光政は蔵入地も知行地も一定の率を課する事とした。そして、徴税権も藩当局に集約し、一方的に年貢米を徴収できる制度を確立した。その代わりに、年貢の上納、未進及び農民救済等は、藩側が責任を持って行う事とした。

　池田光政の財政改革は、1642（寛永19）年の改革と1654（承応3）年の改革に大きく二分する事が可能である。前者の「寛永の改革」には、2つの契機があった。第一には、この改革は、いわゆる、初期幕藩制度の矛盾による全国農村の荒廃と飢饉に直面した幕政の転換に直接基づいていた。第二には、岡山藩は1632（寛永9）年の光政の入封以来、地方知行制の下、年々年貢を増徴したが、それが結果として「在々多くびれ」、「未進過分」という危機をもたらした。岡山藩は、元和年間の国替が20万石の減封だったにも拘わらず、以降も同じ50万石の直高により家臣を養っていた。それゆえ、岡山藩の年貢は寛永の飢饉時でも他藩より高率で、しかも直高基準の軍役を負う給人の知行地で、領主と農民間の矛盾が生じた。寛永の飢饉の原因は加重な軍役とそれに基づく農民収奪であったが、岡山藩の状況はその典型であったといえよう。

　また、家臣団統制の強化は、給人の経済的自立の破綻を意味していた。池田光政は改革の最中、京都より借財してこれを家臣に貸し与えたが、それは彼らの生活規制と引き換えであった。この改革において、光政は「公儀御法度」をはじめ万事式法を厳格に守り、家臣を統制しようと試みた。その一方で、法規先例墨守を否定する政治を宣言した。光政の政治の特徴は、法を利用しつつも、法よりも自己の権力意志を上位とする強烈な個性であった。彼の政治は法に任せず、役人を呼び出しては、直接的に指示を与える「異見」を基本としたのである。法規先例墨守の否定は、以下の言葉にも示されている。すなわち、

　　法ヲ守、先例ヲ引事尤可有義ニ候へ共、殊ニより時ニより、法ニかゝハらす能事可在之候[7]。

第 3 章　池田光政の財政改革（岡山藩）　　　73

　上述の如く、池田光政の政治を一貫する基調は変わらなかった。岡山藩の寛永の改革は、幕府の指令に連動して、大小親裁による家臣統制を強めたが、財政改革では、個性的な方針は示されていなかった。

　次に、後者の 1654（承応 3）年の改革に移る事にしよう。「承応の改革」は寛永の改革を徹底したものである。承応の改革は、小農経営の構造的安定化を何よりも優先させる、という方針が確立していた点で、寛永の改革とは大きく異なっていた。この池田光政の農政理念は、いわゆる仁政の論理ではなかった。彼の仁政理念は、「御救」と引き換えに年貢皆済を要求する従来の考え方を否定した。光政は免（年貢）の決定について、次のように述べている。

　　先其者（郡奉行）ノ主意と我等の主意とちかい候処ヲかてん可仕候、下
　　民近年かんなんニ及候ヲ能仕遣度と存候まてニて候へハ、免も上り候か
　　しるしニて候、又皆共ハ能候ハ免ヲ上ケ候ハん為と存候、此本意ちかい
　　申事にて候 [8]。

　以上の記述から、2 つの事が読み取れる。第一に、池田光政の小農保護が年貢増徴の大前提であった事である。第二に、それにも拘わらず、年貢増徴のための小農保護という意識が、本末転倒として斥けられたという事である。光政は、領主の功利性を排除して、農産物の生産の総量を上げる事を「仁政」の課題としたのである。そして、年貢増徴の事実は、この改革により一定の成果を上げる事となった。

　「農は国の本なり」、すなわち、現在の経済学でいう「農本主義」は、江戸時代の支配者の共通認識であるが、池田光政は農民を単なる年貢収奪の対象とは考えず、彼らの人格を認めていた。それを支えたのは、儒教の性善説であった事は疑いもない事実である [9]。光政の「仁政論」は、儒教、特に、性善説に基づく孟子流の王道論が、現実政治に受容されなかったとする見解に、反証を加えるものであるが、なぜ、彼にとって儒教が政治に適合したのであろうか。第一に、小農論理の貫徹が光政の焦眉の課題だったからであり、第二に、それと不可分のものとして、儒教における私欲の否定が、近世的な在

地小権力の恣意を排除して、岡山藩を統一する論理となったからである。

　承応の改革では、物成平（蔵入と給地の年貢平準化）、大庄屋制や横役の廃止等の制度的諸政策が実施された。給地農民にとって、物成平は年貢減免を意味する。しかも農民救済の直轄化は、藩の赤字を増大させる。しかし、これにより藩は、経済的に一元化されたのであり、以降、給人は藩経済に組み込まれて、その皺寄せを被る事となった。

　中国儒教の「公私論」が士大夫の専制君主の主宰者たる主体確立の論理であったのに対し、同じく儒教に依拠した池田光政の公私論は、逆に「公儀」体系による自立権力否定の論理であったのである。しかし、光政は儒教を利用したのではなく、深く信奉していた。それは親政を基本とする彼自身が、主体確立の学問として、儒教を認めていたからである。そして光政は、家中の士がそれぞれの部署で責任を持って、自分と「同心道徳」となる事を求めたために、彼らの主体的儒学学習を奨励したのである。

　主従制原理は、藩組織の根幹であったから、これは郡奉行在出制のみの現象ではなかった。それを端的に示すのが家中の「在郷逼塞制」である。在郷逼塞制とは、家臣の一種の破産宣告であり、知行を返上する代わりに軍役を解かれ、知行地で自給しながら、窮乏生活を送って借財を返済し、再起を図るというものである。すなわち、家臣の破産の責任は、藩より預けられた給地経営を全うできなかった家臣の不忠と見なした。それゆえ、池田光政は、逆に在郷家臣の軍役を免除した者は、いわば落ちこぼれ者であるから、通常以上の覚悟で倹約に励めと彼らを叱咤し、自身の矛盾した精神主義の突破を図ったのである。

　1654（承応 3）年 7 月 26 日、前述の如く、池田光政は帰国の途中、岡崎で備前大洪水の報告を受けた。そして、8 月 8 日、光政は洪水の危機を乗り切る決意を述べた。すなわち、

　　当年之早洪水、我等一代之大難成、これを思ふニ、天ノ時なちハ我等能
　　時分国ヲ奉預候条、人民ヲ救ニ在、又我悪逆故ならハ、天よりたミ亡ヲ
　　下シ給ハす、御戒と存候へハ有難事成、急度可改と思ふなり 10)。

第 3 章　池田光政の財政改革（岡山藩）　　　75

　更に、10 月 24 日、池田光政は代官の役割について命令を下した。その内容は、以下のようなものであった。すなわち、

　　年貢米免割ノ外ニ横云て、地下中事ノ諸遣高ニ割苻仕、小百姓ともに高
　　ニ懸出し候理由、村ニより諸遣殊之外多、痛候由聞及候間、横役前々の
　　も見申、吟味可仕候 11)。

　ここでは、代官は百姓の気持ちを悪意の満ちたものと解釈し、万事につけて嘘をいうと思っているので、職務がうまくいかないと池田光政は考えた。その結果、農民の迷惑を顧みず、年貢の他に横役が多く、彼らは迷惑を被っていると指摘している。
　以上、洪水対策について考察してきたが、池田光政は、まず 1654（承応 3）年より数年間は、百姓を赤子を育てるように治め、蔵入と給所は物成平にし、郡奉行を 10 人、代官を 54 人に増員し、両者を在出させ、大庄屋を構え小さい 10 村を肝煎にした。そして、士より百姓を大切にしているという批判に対しては、米ができて君臣と町人が養われるのであり、士には金や人馬と公役の免除等で 10 万石ほども援助していると反論し、飢人対策を徹底した。洪水対策には、米ができて君臣と町人が養われる、という言葉からも理解できるように、百姓を守る事は、年貢の根幹を守るという事をも意味していたのである。
　池田光政時代の藩財政は、決して磐石なものとはいえなかった。彼の時代は、藩体制に対して各分野に渡って確立と整備が行われた段階であり、全般的に支出も膨張する傾向があった。また、大災害に襲われれば、藩の財政は根本から破綻に瀕する可能性があったのである。光政の諸財政改革に共通する考え方は、至当な支出は惜しまない反面、厳しい緊縮財政を堅持するというものであった。特に、光政の倹約は自分はもとより、全家臣と領民に及んでいる。すなわち、

　　倹約と申ハ、内所之おごりついゑをやめ、公儀を第一につとめ軍役・公

約之たしなみ仕ニて可有之に、人にはよるべく候得ども、内所ハおごり
うわむきニてハ人馬をもしかじかたしなまず、倹約などと申者有之よ
し聞伝え候。今より後、士の礼儀を存、内所をつめ軍役・公役の心懸専
一に可仕事 12)。

　上述の解釈は、倹約とは、台所の入用や妻子の衣類等の私生活の経費を切
り詰めて、軍役とか公役の務めを立派にする事であって、したがって、この
ような「家に倹して国に勤る」ところの倹約を実践する事により、真の武士
となり得るというものである。当時、池田光政の家臣の中には、知行地を自
分の妻女の化粧田のように考え、その収入を惜しみなく費やし、当然所有す
べき人馬を削減し、公務を果たさない者が散見されたので、こうした倹約に
関する教令を彼は度々発し、かつ各普との区別を明確に示した。光政は大名
の身でありながら、人一倍に倹約を守って実質的なものを尊び、自ら率先垂
範した。そして、家臣をも教導して、真の武人としての本務を果たさせよう
と考えたのである。その結果、質素を本領とする「備前風」が形作られ、江
戸にまで知れ渡っていった。
　次に、池田光政の「国富」に対する考え方に関して、考察する事にしよう。
光政の藩内の金銀が全て藩主自身のものであるとする点に、彼の専制君主的
性格が明確に示されている。この事は、藩財政の動向によって、藩主が一方
的に加減した俸禄を家臣に与える、という財政改革を断行した例といえよう。
　岡山藩の財政の収支に関しては、十分な資料が不足しており、はっきりと
した事は述べる事ができないが、前述の 1654 (承応 3) 年の大災害の場合には、
銀 3526 貫目の赤字であり、池田光政の致仕後の事であるが、1675 (延宝 3)
年には、「禁裏造営御手伝」が命ぜられ、その支出は銀約 3915 貫目といわれ、
財政改革が立案された翌年の収支見積りでは、銀約 2800 貫目の赤字が存在
していた 13)。岡山藩政の確立を推進した光政の実績は、藩体制の骨格を作
り上げた事であったと思量される。藩の初期から、農民支配を中心とする行
政分野の拡充と整備を図り、最高の行政的役職である仕置職以下の役方が、
寛文期から延宝期頃までにほぼ整備され、家臣の封建的官僚性は次第に成熟

第 3 章 池田光政の財政改革（岡山藩）　　77

していった。1654（承応 3）年 7 月に、「三代以来」の大災害が起こり、つい
で大飢饉が来襲し、流失と破損の家屋は 3739 軒、荒高は 1 万 1360 石、流者
と餓死者は 3840 人を数えるという惨状を招いた[14]。年貢は例年の半分にも
足らず、士庶民ともに飢餓に迫られ、まさに、藩政は一大危機に見舞われた。
光政は全重臣を城中に招集して、次のような給人の徴税権を、決定的に改変
する法令を出した。すなわち、

　　家中并国中共に下地ノつかれ故、此度之ききんニ取所なく候ヘバ、今年
　　より五六年も亦子そだつる様ニこれなくては成らざる儀ニ候。左候ハバ、
　　今暮より蔵入給地共ニ物成平ニ申付候。知行所百姓ハ只今迄ノごとく
　　面々ノ知行たるべく候。免・納所・すくい・未進等、万事ノさくまい此
　　方より申付くべき事[15]。

　要するに、年貢を平準化し、藩が処理する事になった訳である。これに
よって、大身の者は例外であったが、給人達は藩が財政的見地から、一方的
に決めた租税に基づいて、知行物成と呼ばれる俸禄米を取得するという、い
わば封建官僚としての性格を保有するに至り、藩の一元的農民支配体制の強
化と交換に、給人と知行地百姓との伝統的な私的関係は、希薄なものとなら
ざるを得なくなったのである。

　註
1) 谷口澄夫『岡山藩政史の研究』塙書房、1964 年、154 頁。
2) 同上、155 頁。
3) 同上。
4) 同上、156 頁。
5) 谷口澄夫『池田光政』吉川弘文館、1994 年、91 〜 92 頁参照。
6) 同上、93 頁参照。
7) 荻生茂博「池田光政の藩政改革と熊沢蕃山——近世における儒教受容の一形
　　態——」『歴史』第 67 集、東北史学会、1986 年、55 頁。
8) 同上、58 頁。
9) それに対して、性善説を否定した山鹿素行は、厳重な審査によらない農政救済は

「民を養ふにあらずして、民を善悪に至らしむ」と主張した。

10）山田芳則「池田光政の思想構造」『吉備地方文化研究』第 17 号、就実女子大学吉備地方文化研究所、1944 年、72 頁。

11）同上、73 頁。

12）谷口澄夫、前掲書、101 頁。

13）谷口澄夫『岡山藩政史の研究』塙書房、1964 年、106 頁参照。

14）谷口澄夫、前掲論文、42 頁。

15）同上、43〜44 頁参照。

第 5 節　池田光政の財政改革

　例年赤字の累積する岡山藩の財政逼迫に対して、池田光政はどのような財政改革を試みたのであろうか。彼は財政赤字に悩み、家臣に与える俸禄を削減して、財政赤字の一部を補填した。1647（正保 4）年正月には、銀 800 貫目を調達し、家臣へ又貸しの形で割り振っている。その結果、1656（明暦 2）年には、借財総額は約 1000 貫目に達している。光政は、農民から徴収する年貢の率はほとんど引き上げなかった。その理由として考えられるのは、年貢の率が限界に達しており、引き上げる事が困難であったのか、それとも、光政の思想的基盤である仁政理念に基づくものであったか、のいずれかであろうが、実際は、その両者の折衷案であったと思われる。また、雑税からの増収も余り期待できず、後述する新田開発も試みられたが、光政の治世中には、収入を増加させる大規模の新田は、余り開発されていなかった。また、前述の倹約の励行は、財政赤字の克服にとって、消極的なものでしかなかった。

　したがって、財政赤字を脱却する手段は、借財と藩札の発行以外に方法はなかったといえよう。藩の借財が本格的になったのは、1654（延宝 3）年の大災害以降である。借財には、藩自体のものと、窮乏していた家臣を救済するために藩が京都や大坂の商人から借りたものと、町民から借財するものとの 3 種類が存在した。しかし、最後の借財は、結果として藩の負担に他ならない。京都や大坂の町人からの借財の始まりは、藩の窮乏していた家臣を救済するためのものである。これに関しては『有斐録』に以下の記述が残されて

第 3 章　池田光政の財政改革（岡山藩）　　　79

いる。すなわち、

　　公（光政）の御時は町在にて金銀借上げといふ事無之。其御趣意、若事
　　急にて大坂迄被仰遣候間も無之時は、領内の金銀借上げ可用、平生の事
　　にては肝要の急用と不立候とて、御借銀被成候。夫も毎年にては無之、
　　御普請手伝或は御国中御救など格別の御物入有之節の事なり。国中の金
　　銀はいつにても自分の用に不立とふ事なし。左候へば備に成事なり。若
　　其節出さぬ奴あれば、如何様にも出させやう有之、国中の金銀は皆身が
　　金銀可成と仰せらる[1]。

　上の記述によれば、平常の借財は大坂富商人に求めて、領内での「金銀借
上げ」は「肝要の急用」に備えるものとした。更に、池田光政は「急用」に
際しては、領内金銀の借上げは強制的に行う事、尚、領内金銀は全て領主の
ものである、と宣言している。これは、典型的な専制君主的な彼の性格が表
れている記述である。
　藩の大坂豪商への借財は、1670（寛文10）年の時点で、約4500貫目となっ
ている。『有斐録』に、池田光政が、大坂の鴻池善右衛門に借財を申しつけ
た時の記述がある。元来、岡山藩は鴻池と深いつながりはなかった。藩の大
坂蔵元は、それまで天野屋弥三右衛門と伊丹屋又右衛門の2人であり、後に、
伊丹屋に代わり伊勢屋九郎右衛門となった。更に、1682（天和2）年、倉橋助
三郎が加わり3人となった。1676（延宝4）年以来、鴻池は岡山藩の江戸廻米
を一手に引き受けるようになったのである[2]。そして、鴻池は蔵元の中心人
物にのし上がっていった。しかし、後日、光政と鴻池との間に諍いが起こ
り[3]、絶縁状態となった。
　岡山藩の膨大な財政赤字を改善するために、大坂町人と豪商による借財に
のみ依存していたのでは、限界があったと思われる。そこで、ついに領内の
町人層に借財を申し入れる事となった。そこで、仕置家老日置猪右衛門は、
5人の町年寄を評定所に呼んで、次のような申渡しを行った。すなわち、

今度京都御入用ニ付、最前も何も肝煎銀子大分差上急御用之首尾整、御
前にも御機嫌ニ被思召、次ニ我等共別て満足申候へは、重て御賃銀上方
にて調兼可申由京都より申来候。最早外ニて御才覚可被成様無之候間、
五人は随分精を出し御国之儀ハ不及申他所にても、其引々を随分御銀相
調候様ニ肝煎可申候、委細之儀は何も御用人中可申談候由……[4]。

　このように、5人の藩財政への貢献に感謝を述べた後、藩が命じたのは、
さらなる銀1000貫目の調達依頼であった。1676（延宝4）年の藩借財の元利
は、何と1万貫目を超え、藩の肝煎による家中借財は1万400貫目に達して
いた[5]。
　要するに、岡山藩の財政状況は、1675（延宝3）年頃まではともかくとして、
1654（承応3）年の大災害を転機にして危機的様相を呈し、収入の減少に反比
例して支出が増大し、深刻な財政赤字の連続となり、加えて、幕府に命ぜら
れた「禁裏造営御手伝」がこの財政赤字に拍車を掛け、藩と家中に莫大な借
財をさせざるを得ない状況に陥ったのである。その結果、1676（延宝4）年に
至って、津田永忠等を起用して財政改革を行い、その健全化を図ろうとした。
具体的には、知行物成及び切米持方の借上げや、諸般の支出削減、倹約、利
得及び簡略の励行を図り、1682（天和2）年頃には、相当の財政安定を見たも
のの、尚、多大な借財を余儀なくされているのである。しかし、全体的に見
て、財政の危機的状況は、天和期に至って若干の安定を見るに至ったといえ
よう。
　次に、藩札の発行について述べておこう。当時、厳密にいうならば、池田
光政はすでに隠居し、2代藩主池田綱政の代となっていたが、財政改革との
関連で重要と思われるので、若干触れる事にする。幕府の許可を得て、岡山
藩で藩札が最初に発行されたのは、1679（延宝7）年であった。この時は、城
下の総年寄であった淀屋三郎右衛門と高地屋庄左衛門が札元になり、京都か
ら版木屋惣左衛門が岡山藩に呼ばれて製造が開始され、銀札両替場が設置さ
れて、藩札が流通されるようになった。これにより、領内に流通していた多
額の正貨を、藩は吸い上げる事ができたと同時に、正貨と銀札との両替のた

第 3 章　池田光政の財政改革（岡山藩）　　81

めの歩合による利益を得る事が可能となった。更に、1638（寛永 15）年、光政は幕府の許可を得て新銭を鋳造するために、蔵元の天野屋宗入、天野屋弥三右衛門と岡山城下の町人 2 人とに、半分ずつ鋳造させた[6]。

　岡山藩は、収入獲得のために商品作物の栽培にも農民を動員している。すなわち、

　一、田に木わた作候。両方之田木わた共に上毛に候はゝ、木綿之分、木
　　　綿之分外に壱反に付為過銭三斗つゝ、上可申候。たとひ木綿の立毛無之
　　　候共、三斗之過銭かゝり可申候間、念を入御付可有事。
　二、繭田之分上毛たるへく候。若繭の跡にいね畠物植候而毛見無之候共、
　　　御改にて上々毛に付可申候事[7]。

　以上の記述は、木綿と繭（い）の栽培に関するもので、木綿は上毛であるか否かに拘わらず、年貢の他に反（たん）別 3 斗の過銭が追徴され、繭を植えつけた田は上々毛とされ、繭の跡地に作った稲や畑物はいかなる場合でも上々毛とされたようである。要するに、木綿と繭はともに栽培は公認されており、かつ高く評価されている事を意味している。

　池田光政は、田原井堰や倉安川井堰等の大規模な水利施設も建設し、金岡新田や倉田新田等の開発にも成功している。また、岡山城下を水害から守る目的で、幅 100 間（約 180 メートル）の排水路と百間川を構築した。完成後、城下が洪水の危機に陥った際には、城下を貫く旭川の増水をこの川へ流すようになる。一連の大規模な土木事業に際しては、光政は初期においては、熊沢蕃山に助言を求めている[8]。しかし、熊沢蕃山が、早くに岡山藩を去ったので、以後、筆頭家老伊木忠貞（たださだ）（伊木忠繁の嫡子）と郡代津田永忠等の協力を得て土木事業を推進している。特に、土木事業の遂行の面で大活躍したのは永忠であった[9]。

　　註
　1）谷口澄夫、前掲書、158〜159 頁。

2）天野屋が断絶し、新規に 1697（元禄 10）年、銀掛屋となったためである。

3）詳細は、谷口澄夫『池田光政』吉川弘文館、1994 年、110 頁を参照されたい。

4）谷口澄夫『岡山藩政史の研究』塙書房、1964 年、162 頁。

5）同上、111 頁参照。

6）現在の経済学の常識では、藩札の発行及び新銭の鋳造は、貨幣供給量の増加を意味し、諸物価の騰貴を惹起する恐れがある。

7）谷口澄夫、前掲書、173 頁。

8）『歴史読本』編集部編『江戸三百藩藩主列伝』新人物往来社、2012 年、129 頁参照。

9）彼は、池田光政が鬼籍の人となった後の 1691（元禄 4）年以降、2 代藩主の池田綱政（光政の嫡子）の指示で後楽園の造園も担当している（『歴史読本』編集部、前掲書、129 頁参照）。

第 6 節　むすびにかえて

　池田光政は、本章冒頭に挙げた如く、徳川光圀や保科正之と並び称される明君である。これらの明君に共通する特質は、学問（儒学）を深く究め、それに裏づけられた仁政の理念を基盤として、民政に関し積極的な事績を残した事といえるであろう。そして、これらの明君といわれる者は、総じて専制的であり、また、啓蒙的な君主としての権威性を保有していたといえよう。

　筆者は、先入観をもって、池田光政の政治を善政として賛美しようとか、明君として顕彰しようとは、決して考えていない。しかし、光政の貢献は、農民のための財政改革に諸政策を展開した事にある。その前提は農民保護そのものにあり、異常なまでの努力を払った点である。彼独自の仁政主義と凡人大名や領主の思想との間には、明確なる一線が画され、この意味において、光政の政治は相対的に善政といってよく、彼自身が明君と評価される事は許されよう。光政は畢生の好学の徒であり、その修学の中核である儒学においても、陽明学から朱子学への転換が認められる。修学の動機と目的は、領国のよりよき政治の実現であった。彼の仁政は、自らが習得した学問と領主として直面した政治との相克による所産であった、と評価すべきであろう。

　領民からの年貢の収奪によって成り立っている封建体制の中で、領民の立場に立った仁政を敷く事は、結果として、藩の年貢の減収を招く事にもなり

かねないのである。それを覚悟して仁政を行う事は、決して容易な態度でなし遂げられるものではない。池田光政は、どんなに財政状態が悪化しても、年貢の比率を引き上げる事がなかったという。光政にそこまで徹底した指導力と忍耐力がなければ、仁政を行う事は難しかったであろう。だが、光政には確固とした儒学の思想があり、その信ずべき主柱があったからこそ、貫き通せたのである。

　しかしながら、財政的観点から考察すると、池田光政が、農本主義の立場から年貢負担者の増加を重視し、治政初期において年貢の確保を目的としていた事も、忘れてはならない事実であったといえよう。

池田光政関係略年表

1609（慶長14）年　池田利隆の子として、池田光政、岡山城に誕生。幕府、西国大名の人質を江戸に集める。

1611（慶長16）年　江戸に下り、将軍徳川秀忠に初見参し、国俊の脇差を賜る。京都大仏完成。

1614（慶長19）年　大坂冬の陣。光政、伏見で徳川家康に見参。

1615（元和元）年　大坂夏の陣、豊臣氏滅亡。

1616（元和２）年　家康、泉下の人となる。酒井忠世、土井利勝、上使として光政に遺領を相違なく下命。

1617（元和３）年　光政、因幡と伯耆両国に国替を命じられ、家臣、鳥取城に入城。

1618（元和４）年　光政、入国のため江戸を発し、鳥取城に入城。

1619（元和５）年　鳥取城の増築を開始。

1620（元和６）年　大坂城城壁修築を命じられる。

1622（元和８）年　光政、修学に志し、板倉勝重に治国の要道を問う。

1623（元和９）年　将軍徳川家光に随って上洛。元服に伴い諱（いみな）を賜って、光政と改名。

1624（寛永元）年　大坂城壁普請を命じられる。

1628（寛永５）年　大坂城普請の役を勤める。鹿野城の火災で池田家代々の記録を消失。

1632（寛永９）年　幕命により急ぎ参府し、備前へ国替を命ぜられ、岡山城に入城。全家臣、鳥取より岡山に移動。

1634（寛永11）年　譜代大名の妻子を江戸に置く事を決定。熊沢蕃山来訪。

1637（寛永14）年　新銭を鋳造開始。

84

1638（寛永15）年　蕃山辞す。

1639（寛永16）年　江戸城本丸火災。

1641（寛永18）年　花畠教場（藩校の前身）を構築。

1642（寛永19）年　諸制度を定め、仕置職を置く。寛永の改革を行う。

1644（正保元）年　東照宮勧請の工事落成。

1647（正保4）年　蕃山、新知300国を賜る。

1648（慶安元）年　国中の課役を免ずる。

1650（慶安3）年　蕃山に3000石を給す。申楽（さるがく）役者の俸米を放つ。

1652（承応元）年　光政の弟池田恒元と子池田綱政が、老中から光政謀叛の風説について
　　　　　　　　　諭告される。

1654（承応3）年　大災害からの復興を決意する。諫箱を設置。組頭を番頭と改称。国中
　　　　　　　　　横役を罷免。天樹院の肝煎で、城銀4万両を借用。地方知行制を変革
　　　　　　　　　し、大庄屋を廃して十村肝煎を設置。承応の改革を行う。

1657（明暦3）年　江戸藩邸焼失。蕃山、致仕。

1661（寛文元）年　江戸両邸焼失。

1663（寛文3）年　金岡新田完成。

1666（寛文6）年　石山仮学館開設。

1668（寛文8）年　郡中手習所を設置。江戸大火。

1669（寛文9）年　藩校完成。熊沢蕃山再来訪。

1670（寛文10）年　閑谷学校創建。

1674（延宝2）年　閑谷聖堂建設。

1675（延宝3）年　群中手習所全焼。

1679（延宝7）年　藩札製造開始。

1682（天和2）年　5月22日、光政、鬼籍の人となる。

（出所：倉知克直『池田光政――学問者として仁政行もなく候へば――』ミネルヴァ書房、
2012年、219～234頁及び谷口澄夫『池田光政』吉川弘文館、1994年、232～244頁より
作成）

第4章

保科正之の財政改革（会津藩）
―― 社会福祉制度の先駆者 ――

第1節　はじめに

　会津藩主として最も有名な人物は、9代藩主の松平容保であろう。幕末に京都守護職に就任した容保は、戊辰戦争の賊徒首魁と見なされた[1]。その結果、徳川幕政を文治主義へと導き、為政者の鑑として語り継がれた会津藩の祖である保科正之は、明治以降、急速に歴史叙述の世界から抹殺されていったのである。しかし、正之は、我が国の近世前期に活躍し、様々な善政を行った人物である。彼は、4代将軍徳川家綱の輔弼役として、ひたむきに、万民に便利安居を求めた明君でありながら、永き間、その姿は歴史の蔭に埋もれてきた。近世前期の偉大な財政改革者であった正之という人物は、一切、評価されない事になってしまったのである。

　当時、保科正之は、同時代の水戸藩主徳川光圀、岡山藩主池田光政と並び、三大明君と称されていた。6代将軍徳川家宣の就任とともに幕政に参加し、7代将軍徳川家継を補佐して、「正徳の治」を行った新井白石は、『藩翰譜』の「保科」の項で、「正之は正保元年、奥の会津に移り、同じき二年四月廿一日従四位下左少将、慶安四年の夏、左大臣家かくれさせ玉ひし後、将軍幼稚の内、天下政務の事預り聞きたまひき、是は左大臣家の御遺命とぞ聞えける」[2] と記述している。

　また、「寛政の改革」を指導した老中松平定信が、最も理想としていた人物こそ、保科正之であり、「余が常に心がけているのは、かの保科肥後守様にならいたいということだ」[3] としばしば述懐していた、という話も残っている。更に、1651（慶安4）年、3代将軍徳川家光は死に臨んで、枕元に正之

86

を呼び寄せ、「肥後よ宗家を頼みおく」といい残した[4]。

　一方、会津歴代藩主及び家老達にとっても、保科正之は偉大な存在であった。『会津藩教育考』に以下のように記されている。すなわち、「後世家老たるもの拝命の即時神君（正之）の肖像を拝し、遺訓（会津藩家訓）の末に記名血判して背かざるを誓ひ、年々歳首には学校奉行これを朗読し、君臣倶に正服を着して拝聴するの重典ありたり、此等のことは識らず識らず藩士の脳裏に印象し自然の教育となりしなり」[5]と。

　それにも拘わらず、筆者は、保科正之を研究する歴史学者、経済学者及び財政学者が、皆無に等しい事は残念でならない。正之は、特に財政改革として、顕著な業績を残しており、決して忘れ去られてよい人物ではない、と筆者は思量する。

　本章の目的は、近世前期の会津藩主である保科正之の財政改革を中心に分析研究し、後世の財政改革及び財政再建への貢献に関して、若干の考察を試みる事にある。

　　註
1) 松平容保は、1668（寛文8）年に保科正之の制定した「会津家訓十五箇条」の第1条、すなわち、現代文で記述するならば、「会津藩たるは将軍家を守護すべき存在であり、藩主が裏切るような事があれば家臣は従ってはならない」を厳守したに過ぎない。「会津家訓十五箇条」に関しては、本文において詳細に後述する。
2) 中村彰彦『慈悲の名君　保科正之』角川学芸出版、2010年、273頁。
3) 中村彰彦『完全版　名君　保科正之』河出書房新社、2016年、8頁。
4) 『歴史読本』編集部『江戸三百藩藩主列伝』新人物往来社、2012年、52頁。
5) 中村彰彦『慈悲の名君　保科正之』角川学芸出版、2010年、274頁参照。

第2節　保科正之の生涯

　我が国における近世前期の明君として、陸奥国会津に入封し、23万石を領し、徳川一門の大名として重きをなした保科正之の存在は、世に隠れもしなかった。だが、彼の生涯の前半生は、とかく世に隠蔽された、数奇なもの

であったといえよう[1]。

　後に、会津藩主となり肥後守となる保科正之は、1611（慶長16）年5月7日の亥の刻、江戸の白銀町に産声を上げている。しかし、そこは意外にも、母お静の姉婿の竹村助兵衛[2]という人物の狭い家屋であり、その出生は、必ずしも、世に祝福されたものではなかった。出生後、助兵衛は直ちに、この事を老中土井利勝に知らせた。この話を聞いた利勝は、困惑を隠せなかった。その理由は、その子が2代将軍徳川秀忠の子供という事である。彼は登城して、湯殿にいた秀忠にこれを伝えた。身に覚えがあった秀忠は、葵紋の小袖を手ずから利勝に渡した。更に、この紋付は米津勘兵衛門と助兵衛の手を経て、お静の元に届けられた。そして、秀忠は利勝に紋付を渡すと同時に、幸松と名づけるように命じたのである。

　しかし、徳川秀忠は、生前、ついに我が子である幸松とは対面しなかった[3]。その理由は、一説には、秀忠の正妻である於江与の方が怖くて、公にできなかったためであるという。於江与の方は、織田信長の妹お市の三女であり、父は浅井長政、長姉は豊臣秀吉の側室であった淀殿であり、更に、次姉は京極高次の正室となっていた。秀忠より6歳年上で、嫉妬深い女性と伝えられていた於江与の方は、夫秀忠に側室を置く事を許さなかった。

　ところが、徳川秀忠は、乳母つきとして大奥に上がっていた、元北条家の家臣であった神尾伊予の娘、お静をつい見初めてしまったのである。お静は秀忠のお手つきとなったものの、於江与の方の権勢を恐れて、一度は中絶をした。幸松は2度目に懐妊した子供であり、本来ならば、再び闇から闇へと葬られるべきところを、お静の身内に命懸けで匿われ、どうにか出産に至ったのであった。幸松は、生まれはしたが、いわば日蔭者のように、その存在を世に知られる事なく育てられた。

　幸いな事に、幸松は、後見人となってくれた見性院と信松院姉妹の配慮により、信州高遠2万5000石の藩主である保科正光の養子に入る事となった[4]。幸松、数えで7歳の時の事であった。戦国時代の名門であった武田家が滅亡してから、徳川家に召し抱えられた遺臣は少なくなかったが、正光の父保科正直の正室に、徳川家康の同母妹が入っていた事が、多少は決定に作

用したのかも知れない。正光は、将軍徳川秀忠の許しを得て、幸松を引き取ったのである。『千載之松』には、「此御養育仰せつけられ候故にも候や、信州筑摩洗馬郷五千石御加増御拝領」とあり、この時、秀忠は養育料として、正光の石高に 5000 石を加増して、3 万石とする事にした[5]。徳川家光が、異母弟である保科正之の存在を知ったのは、いつ頃だったのであろうか。恐らく、正之が 1631（寛永 8）年に養父の死去により高遠 3 万石の藩主に就いてから、その後、江戸城西の丸の留守居役という重責を拝命する 1636（寛永 13）年の間の事と思われる。

　保科正光にとって、自分の死後、幸松をどのように扱うかは、極めて重要な問題であった。正光は、1620（元和 6）年 7 月、60 歳にして 6 条からなる遺言状を作成し、城代の保科正近に手渡した。その内容の要約は、以下の通りである。すなわち、

　第一条　自分が没したときは、幸松殿に家督をゆずること。このことは
　　　　　江戸町奉行米津勘兵衛門に頼み、老中土井利勝殿に伝えること。
　第二条　幸松殿が二十歳になるまで、町人百姓以下の仕置きは自分の生
　　　　　前と変わらないようにすること。
　第三条　自分の死後、幸松殿に加増があったならば、家臣たちの知行も
　　　　　加増すること。また、浪人などを召し抱える際は米津勘兵衛門殿の差
　　　　　図を受け、その意見に従うこと。
　第四条　左源太[6]の身の上については幸松殿に頼みおいたので幸松殿
　　　　　成人後はその差図に従うが、それまで勝間の郷と曾倉の郷を与えてお
　　　　　く。幸松殿が加増された時は、その分限に応じて左源太にも加増して
　　　　　やること。また左源太にどんな不届きな行動があろうと、自分に免じ
　　　　　て容赦してやること。
　第五条　（召し仕う女達の事なので略す）
　第六条　弟の弾正（正光の異母弟正貞——筆者）は「前後気違者」なので義
　　　　　絶した。このことを老中方に申し上げよ[7]。

第4章　保科正之の財政改革（会津藩）　　89

　すなわち、保科正光は、最初に弟の保科正貞を猶子[8]とし、次に左源太を私的に養子に取った後、公式に幸松を養子にしたのである。上記の第六条で正貞を義絶した事は、正貞が保科家の相続権を主張する事を排除しておく意味があったのであろう。

　1631（寛永8）年、養父であった保科正光は泉下の人となり、幸松は元服して、名を保科正之と改め、養父の遺領を相続した。そして翌年、将軍徳川秀忠が薨去する。その結果、名実ともに、正之の異母兄である3代将軍徳川家光の治世となった。彼は、自分が生まれて以来、永い間、弟正之の存在を知らされていなかったが、父の死の直前、人伝てに正之の事を知らされ、1634（寛永11）年に兄弟の対面を行っている。家光は、あくまでも高遠藩主としての分を越えない、正之の謙虚な言動を好ましく思ったに違いない[9]。

　1636（寛永13）年、保科正之は、出羽山形20万石へと移封を命じられる。当時、これは大抜擢とされた。将軍徳川家光の異母弟正之への信頼は、堅固なものであった。正之は幕政への参与を命じられ、1643（寛永20）年7月には、会津藩を任される大大名となったのである。すなわち、正之は、徳川御三家[10]と同様の地位と名誉を得るに至ったのである。

　1651（慶安4）年4月、3代将軍徳川家光は48歳という若さで病死し、その世子徳川家綱が、11歳で4代将軍に就任する事となった。保科正之はその家綱の元服に際し、烏帽子親[11]を任された。家光は、叔父の正之と甥の家綱を強い絆で結びつけたかったのであろう。では、なぜ、家光はこれほどまで正之に配慮をしたのであろうか。その理由は、家光の将軍職を巡る骨肉の争いにまで逆上る事ができるであろう。2代将軍徳川秀忠の次男であった家光には、長丸という兄が存在した。しかし、その兄は夭折してしまった。ただ一人の実弟に三男の徳川忠長がいた。父秀忠と母於江与の方は、聡明な忠長を可愛がり、次期将軍にしようと考えていた。一方、家光の乳母だった春日局は、大御所と呼ばれていた徳川家康に直訴した。いまだ幕府の実権を握っていた家康は、「長序の順」を重視し、家光を次期将軍に指名した。

　徳川家光は、生前、保科正之を枕元に呼び、幼い将軍徳川家綱の補佐役を依頼していた。当時の幕閣は、大老の酒井忠勝が最年長で65歳、次いで元

老ともいうべき譜代筆頭の井伊直孝が 62 歳、老中の松平信綱が 56 歳、同じく阿部忠秋が 50 歳、新たに加わった老中松平乗寿が 52 歳であった。正之は、最年少の 41 歳に過ぎなかったのである。幕閣の構成は、順次、時の経過とともに入れ替わっていくが、その中にあって、正之は一貫して将軍家綱の後見人として、幕閣に参画し続けたのである。

その後、保科正之は藩主として、高遠・山形藩を統治するに至るが、本節とは直接関係がないので、その統治に関しては割愛する。様々な経緯はあったが、最終的に、正之は会津藩の統治を任される。彼の業績を分析するには、将軍の輔弼役としての業績 12) と、会津藩主としての業績を分けて考える必要があろう。正之の会津藩における業績は、第 4 節に譲る事とする。

1669（寛文9）年 4 月、保科正之は隠居を許され、ようやく幕政の一線を退いた。何と 23 年間に渡り、正之は江戸において幕府を支え続けたのである。

稀有な明君保科正之は、1672（寛文12）年 12 月 18 日、偉大な事績を残し、点鬼簿の人となった。享年 62 歳であった。

註

1) 保科正之の生涯に関しては、中村彰彦『名君の碑　保科正之の生涯』文藝春秋、2001 年が極めて詳細である。

2) ちなみに、竹村助兵衛の妻はお静の姉に当たる。

3) 恐らく、徳川秀忠は、将軍の血筋が忽然と現れる事による世間の動揺を憚って、幸松との対面の決断ができなかったのであろう。

4) 河崎貴一「危機の“宰相”保科正之」『歴史通』第 12 号、ワック、2011 年、42 頁参照。

5) 中村彰彦『慈悲の名君　保科正之』角川学芸出版、2010 年、33 頁。

6) 保科正光夫妻は、小日向源太左衛門夫妻と左源太を養子としてもらい受ける約束を交わし、すでに高遠城に引き取っていた。幸松を養子としたため、特別な配慮を必要とした。尚、余談であるが、左源太は正光死去以前に死亡し、保科家の相続に問題は生じなかった。

7) 中村彰彦、前掲書、35 〜 36 頁。

8) 猶子とは、兄弟、親戚、または他人を自分の子とした者をいう。仮に結ぶ親子関係の子の総称である。厳密には養子と区別される。相続には関与できないのが通例であるが、例外もあった。

9) 徳川家光は、同じ弟の駿河大納言徳川忠長の傲慢無礼な態度を意識していたに相

違ない。忠長は家光が保科正之と対面する前年に幽閉され、自刃させられている。

10）御三家は将軍継嗣を出す家柄として、将軍家を支える存在であるとともに、幕政を補佐する立場にあった。例えば、3代将軍徳川家光による親政が開始される寛永初期の段階では、老中制を中核とする政治機構はまだ整備されていなかった。

11）烏帽子親には、単に元服の儀式で烏帽子をかぶせるだけでなく、生涯に渡って、血縁に次ぐ密接な関係を持つという意味がある。

12）保科正之の将軍輔弼役の業績に関しては、中村彰彦『完全版　名君　保科正之』河出書房新社、2016年、16～22頁が詳細である。

第3節　保科正之以前の会津藩の財政状況

　会津は奥州の重要な抑えのひとつであるだけでなく、保科正之が入国するまで、大きな火種を抱えていた。その理由は、会津を領国としてきた藩主が、短期間のうちに何人も入れ替わっているからであった。逆上ってみれば、もともとの領主は、蘆名義広であった。この義広は、1589（天正17）年に、伊達政宗によって滅ぼされた。

　しかし、伊達政宗が会津を支配したのは、僅か1年間であった。彼の会津支配は、1590（天正18）年、豊臣秀吉によって、領土を没収された事により終了した。その後に、秀吉によって会津に封じられたのは、蒲生氏郷であった。氏郷は1595（文禄4）年に死去し、その息子である蒲生秀行が襲封した。この秀行は、1598（慶長3）年までの3年間に渡って、会津を領したが、秀吉により宇都宮に移封される。ただ、この氏郷と秀行の親子は、8年間に渡って会津を支配した事になる。

　蒲生秀行に代わって会津を襲封したのは、上杉景勝であった。豊臣秀吉は、政権を支える五大老の一人である景勝を120万石の領主として、会津に封じたのである。その理由は、江戸に封じた徳川家康を牽制するためであった。それほど、会津は要衝の地であったといえよう。ところが、景勝は関ヶ原の戦いで家康の東軍に破れ、30万石に減封の上、米沢に移封されてしまう。関ヶ原の戦いの勝利により、天下は家康のものとなる。そして、家康は、再び秀行を会津に封じたのである。秀行の領国支配は、家康からも高く評価さ

れていたからである。そして、会津藩は、上杉家の120万石から60万石となる。それから27年間は、会津は蒲生家の支配を受ける。秀行が11年間（1601年〜1612年）、その死後、息子である蒲生忠郷が15年間（1612年〜1627年）支配する。したがって、この時期は、比較的、政治的にも経済的にも安定していたといえるであろう。しかし、忠郷が死去し、その弟の蒲生忠知が襲封したが、忠知は秀吉によって減封され、伊予松山に24万石で移封されたのである。

　そして、その後に加藤嘉明が移封された。嘉明は会津を4年間支配した後、死去した。その後は、嫡男の加藤明成が12年間（1631年〜1643年）支配するが、御家騒動により、領土を返還する事となる[1]。この嘉明と明成の頃は、藩の財政は困窮していた。明成は1631（寛永8）年、父嘉明の死去に伴い藩主となったが、財政難を打開しようとして、農民の年貢や諸役を厳しくした。例えば、実際の田畑の面積に架空の石高を上乗せし、より多くの年貢を課した。その結果、「潰れ百姓」（破産した百姓）が増え、農村の荒廃が目立つようになったのである。

　更に、1642（寛永19）年から翌年の春にかけて、大飢饉が全国を襲った。東北地方の被害も甚大で、会津藩の農民達も飢饉に悩まされる事となった。会津藩では、藩の財政を建て直すどころか、生活に苦しむ農民さえ救えない状態であったのである。その結果、他領へ逃散する農民が後を絶たず、中には、住民が一人もいなくなった村さえもあった。会津藩全体では逃散する農民が2000人を超すほどであったというから、その悲惨さがうかがえよう[2]。

　また、御家騒動も勃発していた。事の発端は、1639（寛永16）年、支城であった猪苗代城代堀主水が農民の怨嗟の声を聞き、若い藩主加藤明成を諌めた事であった。この事を快く思わなかった明成は、主水を登城禁止としたが、彼は武装し、一族郎党300人とともに出奔してしまった。更に、主水は城に向けて発砲までしている。その後、主水は高野山に逃れたものの、明成の追跡が執拗であったため、1641（寛永18）年3月に江戸に出て、幕府に藩主明成の非行について訴え出た。しかし、当時の将軍徳川家光は、「訴えは道理あるようなれど、君臣の礼を失い、国の大法を犯す」[3]として、主水と弟2

人を明成に処罰させた。ところが、大飢饉が再び襲い、農民達の逃散が続く一方であった。農民の逃散は、元来、年貢の強権的な取立に起因しており、加えて、この御家騒動もあったので、徳川幕府はそうした領内支配の混乱を理由に、会津40万石を没収し、明成は石見へ1万石で転封となった。

　以上の事柄からも明白なように、会津藩では藩主がめまぐるしく交代している。しかも、その中には、改易もしくは減封によって、国替になった藩主が多いのが特徴でもある。比較的長期に渡って、安定的に会津藩を仕置きしていたのは蒲生氏であるが、めまぐるしく藩主が交代するという事は、領民達にとって百害あって一利なしといえる。藩主が交代すれば、仕置きの考え方も変化し、当然、年貢の割合も変化したのである。保科正之が会津藩を統治する直前の加藤家は、4割5分という高い年貢率を徴収していたのであった。これは、同じ東北地方の山形藩の3割9分3厘という年貢率と比較すると、はるかに高いといえる[4]。

　最後に、問題の多い会津藩を任せようと徳川家光が考えたのが、本章の主人公である保科正之である。加藤氏が会津藩を没収されたのは、1643（寛永20）年の事であった。加藤氏の時代には、会津藩の領地は、大沼郡、河沼郡、耶麻郡、会津郡、安積郡及び磐瀬郡の6郡であったが、正之に与えられたのは、このうちから安積郡及び磐瀬郡の2郡を切り離した4郡であった。正之が、将軍家光より会津の統治を告げられたのは、同年7月である。酒井忠勝に先導されて、中奥の将軍御座所に入った正之に対し、家光は出羽山形から奥州会津への転封を命じた。更に、会津23万石の他に、南山5万石も合わせて仕置きする事も付言した。正之は、正直にいって、我が耳を疑ったであろう。彼にとっては、出羽20万石を領する事すら驚きであった。保科家の表高は、実質的には、28万石の大大名となったのである[5]。

　この時、徳川家光は、水戸家の25万石を超えないように配慮を忘れなかった。徳川家康は、尾張、紀伊及び水戸の徳川御三家を作った。その理由は、徳川幕府の基盤を磐石にしようとの考えからであった。2代将軍徳川秀忠も同様の事を考えた。しかし、駿河大納言だった徳川忠長は、その任務を果たせないまま自刃させられてしまった。そこで、3代将軍の家光は、新し

い親藩として、保科正之を処遇しようと考えたのである。正之にそれだけの
期待を寄せていたといえよう。だが、いかに大名諸侯が周知の事とはいえ、
兄としては、公式に諸大名に伝えていない正之を、親藩に加え、水戸家の上
位に就かせる事は憚られたのである。尾張、紀伊は50万石を超える大藩で
あるが、副将軍格の水戸家は25万石であった。家光には、会津を水戸より
も上位にしたい気持ちはあったが、御三家に対する配慮をしたのである。

　さて、保科正之にとって、会津転封は、ただ喜んでいればよいというもの
ではなかった。会津を任されるという事は、その地が徳川幕府にとって、極
めて重要な地という事であり、その上、領内が度重なる藩主の交代によって、
荒廃していたからであった。徳川家光とその幕閣が、正之に期待したのは、
荒廃した会津を復興させ、財政的にも安定した地とする事であった。正之が
会津鶴ケ城に入ったのは、1643（寛永20）年8月である。この前年は、全国
的な大飢饉であった。家光の正史『大猷院殿御実紀』の2月の項には、次の
ような記述が残されている。すなわち、

　　　この月より五月に至るまで、天下大に飢餓し、餓莩道路に相望。また一
　　　衣覆ふこともなし得ず。古席をまとひて倒れふすもの巷にみちたり。よ
　　　て町奉行をして各その郷里をたゞし。領主。代官に命じ飢者をたすけて
　　　その故郷にかへせしめ。その外は市中に仮屋を設け。旦暮粥をつくりて
　　　飢者に施行せられしとぞ[6]。

　会津の前の領主加藤明成の政道が乱れていたため、農民層の逃亡及び離散
は、会津藩において、かなりの数であったと思われる。保科正之の転封が決
まって、鶴ケ城の受取りを済ませていない同年7月、重臣遠山伊右衛門を先
乗りさせ、以下のように触れさせておいた。すなわち、

　　　諸郷村跡に退散痛し候者これあるにおいては、早々まかり帰り前々のご
　　　とく在付候様申しつくべく候、この跡不届きの儀これありといふとも、
　　　代替わりの上は子細に及ばず候条、この段相心得べき旨、郷村一統へこ

れを相触る[7]。

　保科正之は、郷村を離れた者でも、帰村すれば罪に問われないばかりか、場合によっては、夫役が免除される事もある、と布令させたのである。これは、正之が、性善説を信奉していた事に由来していると思われる。以上のような配慮を家臣達にさせた後、新しい藩主である正之は会津に入国したのである。そして、鶴ケ城を拠点として、正之は将軍徳川家光の期待に応えるように、積極的に藩政改革及び財政改革に着手していく。

　　註
1）森谷宜暉『名宰相保科正之――時代が求めるリーダーを育んだもの――』高文堂
　　出版社、2001 年、142 〜 143 頁参照。
2）中江克己「江戸の構造改革・リーダーたちの知恵（18）徳政で藩を活性化させた
　　保科正之〈会津藩〉」『公評』第 40 巻第 9 号、公評社、2003 年、107 頁。
3）同上、108 頁。
4）森谷宜暉、前掲書、249 頁。
5）同上、145 頁参照。
6）中村彰彦『保科正之言行録』中央公論新社、2012 年、134 頁。
7）同上、135 頁。

第 4 節　保科正之の財政改革

　保科正之は会津藩主となり、藩政改革及び財政改革を推進していくのだが、まずはじめに着手したのは、人心の安定と年貢の見直しであった。会津入国の 4 日後には、以下のような施政方針を記した高札を掲げている。すなわち、

一、喧嘩口論。
二、押し買い、乱暴狼藉、博打のたぐい。
三、当所の者、他国の者によらず、キリシタンを泊めること、怪しき者
　　を見逃すこと。

四、山林、寺社、他人の家に入り、竹木を伐採させること。

五、旅人の往還の妨げをすること。

右違背の輩は速やかに厳科に処すべきなり[1]。

　更に、保科正之は、家臣団の職制、村や町方の支配組織作り等に尽力し、行政面の整備を進めた。その一方、以前の苛酷な年貢の取立で、困窮していた農民の救済も行った。年貢の未納分2500両を免除すると同時に、年貢率を引き下げたのである。正之の統治以前は、より多くの年貢を徴収するため、架空の石高を上乗せしていた。しかし、正之は田畑の面積を正確に測定させ、それを基礎として年貢を算出した。その結果、農民の納める年貢は4割も引き下げられたという[2]。こうして、農村には、次第に活力が蘇ってきたのである。

　保科正之は、家臣の俸禄体系を、前藩主であった加藤氏の時代において、家臣が知行地を与えられて年貢を徴収し、農民に労役を課していた方法を改めて、禄米を与える事にした。つまり、藩主が直接農民から年貢を徴収し、労役を課す方式に変更したのである。その結果、現実の石高は1万3469石の減少となった。また、米の採れない荒地や、実際には存在しない土地に課ける草高もかつてはあったため、これを除いたところ、総計で2万石余りの減少となった。だが、正之は、正道は正しくなければならないとして、この架空の2万石余りに年貢や諸役を課する事を中止した[3]。ところが、収入の減少を覚悟して、農民への負わせ高を廃止した決断は、正之に思わぬ恩恵をもたらす事となった。加藤家の苛政に反発して、農民達は密かに隠田を開いていた。しかし、正之の優しさに感動した農民達が、隠田を所有している事を自主的に申し出て、検地を求めたので、それを実行したところ、その隠田は2万3000石以上ある事が判明した。それを藩の石高に繰り入れたところ、総石高は2万余石の減少どころか、3000余石の増加となった[4]。このような藩政を行ったのは、前述の如く、正之が荀子の唱えた性悪説ではなく、孟子流の性善説を信じていた事によると思惟される[5]。

　また、正保年間（1644年～1647年）に、領内の希少な生産物が領外に流出

第 4 章　保科正之の財政改革（会津藩）　　　　97

しないように「留物令」を出して市場を再興し、専売の漆と蠟の納入及び買
上方法を決定した。次いで、1648（慶安元）年には、会津領内の大検地を行い、
人口調査により農民の実数を把握し、農民の食糧を規定した。更に、承応年
間（1652 年～1654 年）には、農民への利息付貸米制度や、1655（明暦元）年の
社倉 6) の創設、1658（万治元）年の定免による健全財政等を、次々と実行し
ていったのである。

　保科正之の行った民政に注目すると、いくつかの事柄に気づく。まず、会
津入りと同時に、「所務」という言葉の示す意味が大きく変わった事が挙げ
られる。所務とは、年貢、貢租という意味であり、会津藩の収入の事である。
正之が会津入りした直後の所務は、次のようなものであった。すなわち、

　寛永二十年米方六万七千八百拾三石六斗壱升四合、金方弐万五千弐百六
　拾両三分、銭三千八百六十五貫九拾五文。
　正保元年（1644）米方六万三千百七拾三石弐斗七升五合、金方弐万千三
　百六拾弐両三分、銀四拾五貫三百七拾六匁弐分七毛、銭四千七百弐拾弐
　貫八百六拾文 7)。

　以上の事から明白なのは、加藤氏が統治していた時代と異なり、米だけの
納税法を改め、金納、銭納、1644（正保元）年からは銀納の納税体系を採用
した事である。便宜上、本節では、金納、銭納、銀納という言葉を一括して、
金納と表現する事にする。ここで注目しなければならないのは、納税方法の
変更が、租税率の上昇と全く関係がなかったという事である。逆に、保科正
之は平均免を引き下げている。加藤氏の頃より、かなり低い租税率である。
しかも、正之は納税法を米と金 5 分 5 分とした上で、8 斗を 1 両と見なして
いた。これは、全てを米で納めた場合の平均免に換算すると、一般の米価と
比較して、農民達に有利な相場である事は明白であった。こうした観点から
も、正之が暴利を貪ろうとしない知的な藩主であった事は、十分理解できる
であろう。

　年貢は、米と金の半々で納められたが、保科正之の代の年貢米は、1643

（寛永 20）年の 6 万 7800 石、1661（寛文元）年の 6 万 8000 石が最高で、1646（正保 3）年の 5 万 2600 石が最低だが、平均すると 6 万石前後であった。金は 1643（寛永 20）年で 3 万 5000 両と 1661（寛文元）年の 3 万 1000 両が最高であった[8]。総じて、米と金の収入は一応安定しており、藩主と家臣の物質的生活も安定していたといえよう。

　次に、保科正之が取り組んだのは、会津藩の精神的基盤であり、主君や法へ絶対服従を第一義とする朱子学の影響を受けた会津藩の憲法ともいうべき「会津家訓」[9]の制定であった。この家訓は 15 条からなっている。以下に各条文の原文及び書き下し文を記述しておこう。特に、財政上、重要と思われる条文には、少々表記を改め、解釈文を追加しておく。すなわち、

　一、大君之儀　一心大切可存忠勤　不可以列国之例自処焉　若懐二心則
　　非我子孫　面々決而不可従
　　（大君〔徳川家康——筆者〕の儀、一心大切に忠に存ずべく、列国の例を以て自
　　ら処るべからず、若し二心を懐かば、則ち、我が子孫にあらず、面々決して従う
　　べからず）
　一、武備不可怠　選士可為本　上下之分不可乱
　　（武備は怠るべからず、士を選ぶを本とすべし、上下の乱るべからず）
　一、可敬兄愛弟
　　（兄を敬い、弟を愛すべし）
　一、婦人女子之言　一切不可聞
　　（婦人女子の言、一切聞くべからず）
　一、可重主畏法
　　（主を重んじ、法を畏るべし）
　一、家中可励風儀
　　（家中は風儀を励むべし）
　一、不可行賄求媚
　　（賄を行い、媚を求むべからず）
　　〔賄賂やご機嫌取りを求めるな〕

第4章　保科正之の財政改革（会津藩）　　　99

一、面々不可依怙贔屓

（面々、依怙贔屓すべからず）

一、選士不可取便辟便佞者

（士を選ぶには便辟便佞の者10）を取るべからず）

一、賞罰家老之外不可参知之　若有出位者可厳格之

（賞罰は家老の外、これに参加すべからず、若し位を出ずる者あらば、これを厳格にすべし）

一、不可使近侍者告人之善悪

（近侍の者をして、人の善悪を告げしむべからず）

一、政事不可以利害枉道理　僉議不可挟私意拒人言　不蔵所思可以争之　雖甚相争不可介于我意

（政事は利害を以て道理を枉るべからず、僉議は私意を挟み人言を拒ぐべからず、思う所を蔵せずもってこれを争うべし、甚だ相争うと雖も我が意を介すべからず）

一、犯法者不可宥

（法を犯す者は、宥すべからず）

一、社倉為民置之　為永利民也　歳饑則可発出済之　不可他用之

（社倉は民のためにこれを置く、永利のためのものなり、歳饑えればすなわち発出してこれを済うべし、これを他用すべからず）

〔社倉は民のためにあり、未来永劫の利益のためのものである。凶作で民が飢えた場合にこれを使って救うものであるから、他の場合に用いるな〕

一、若失其志好遊楽致驕奢使士民失其所即何面目戴封印領土地哉　必上表可能蟄居

（若しその志を失い、遊楽を好み、驕奢を致し、士民をしてその所を失わせしめばすなわち何の面目あって封印を戴き土地を領せんや、必ず上表蟄居すべし）

〔もしも藩主としての信念を失い、遊んだり贅沢して、藩士や民を路頭に迷わせるような事になれば、何の面目があって領地をいただく事ができようか。そんな時は、必ず藩主を辞して隠居してしまえ〕

右十五件之旨堅相守之以往以可申伝同職者也　寛文八年戊申四月十一日

（右 15 件の旨、堅くこれを相守り以往、以て同職の者に申し伝うべきものなり

寛文 8 年戊申 4 月 11 日）11)

　特に、最重要と思惟されるのは、第 14 条の項目である。保科正之が明君と称されるのは、農民に対する年貢等の配慮によるものだけではない。1654（承応 3）年 11 月、江戸にいた正之は、国元の家老達に命じ、「社倉」を設置させた。朱子学を深く学ぶうちに社倉制度を知った正之は、1655（承応 4）年の春に「社倉法」を制定したのである。

　家老や郡奉行達もこれに賛同したので、保科正之は金 10 両につき米 73 俵の対価で、計 7015 俵 1 斗 4 升の米を買い上げさせ、高利の米を借りて、返済に苦しむ農民達を助ける事にしたのである。20 俵以上を一度に貸し出す時は、利息は 2 割とした 12)。だが、凶作の年は無利子とし、更に、凶作が続けば、2 年から 3 年待つという農民に優しい統治を行い始めた。正之は社倉米を増やしていき、約 10 年後には、2 万 3000 俵、その後年には、5 万俵も貯えて、農民の暮らし向きの向上に尽くした。その結果、当初、11 万人余りだった会津藩の人口は、1718（享保 3）年には、17 万人近くにまで増加したという 13)。当時、貨幣経済が完全に浸透していなかっただけに、社倉米を与える事は、災害見舞金（社倉金）の支給と同じ意味を持っていた。この社倉制度こそ、会津藩の財政改革上の最も重要な柱であり、会津藩の国力はますます強固なものとなっていったのである。

　保科正之の着眼の注目に値する点は、次第に増やした社倉米に、会津藩として手をつけさせず、現代の財政学でいうところの「国民年金制度」を創設して、その基金として用いた事にあろう。1663（寛文 3）年 7 月から、領内の卑賤男女を問わず 90 歳に達した者には、終生一人扶持を与える事とした。具体的にいうならば、一人扶持とは、1 日につき玄米 5 合、1 年に 1 石 8 斗を意味する 14)。これは、前述の会津家訓の第 14 条にも挙げられている。これだけの扶持があれば、十分に生活ができる訳であるから、この制度の採用により、会津藩の士民は、たとえ、独り住まいしていても飢える心配はなくなったのである。

第 4 章　保科正之の財政改革（会津藩）　　101

　世界史的な通念において、社会保険を世界に先駆けて開始したのは、1880年代のドイツ帝国であり、その指導者は鉄血宰相ビスマルク（Otto von Bismarck）とされている。しかし、これは歴史の記述者が、保科正之という日本近世史上の巨人と、正之が 1663 年に会津藩で制度化した年金保険の存在を知らなかったからであろう。我が国には、ビスマルクより 220 年も前に、社会福祉制度を考案し、かつ実践した人物が存在していたのである。この事は会津人のみならず、日本人の全てが誇りとしてよい事といえるであろう。

　尚、保科正之が創設した社会福祉制度は、国民年金制度だけではない。彼は同時に、一種の救急医療制度も発足させている。すなわち、「旅人が病んだ時は、宿の亭主は医者に診せよ。医者が見つけにくければ、町奉行に伝えよ。旅人に所持金が不足していれば、藩庁から支出する。放置しておいてその旅人が死んだりしたら検断（大名主）・名主および近所の者たちの責任を問う」[15] という内容である。会津藩では、近世において、すでに人道主義の考え方が存在していたのであり、「超」の字のつく福祉先進藩といってもよいであろう。

註

1）森谷宜暉、前掲書、151 頁。
2）中江克己、前掲論文、108 頁参照。
3）中村彰彦『慈悲の名君　保科正之』角川学芸出版、2010 年、116 頁参照。
4）同上。
5）保科正之の儒教観に関しては、童門冬二「歴史にまなぶ地域経営術（80）　保科正之（14）藩民を国民に止揚させる」『晨』第 20 巻第 2 号、ぎょうせい、2001 年が詳細である。
6）社倉とは、飢饉の時等に、貧民を救うために設けた米倉をいう。中国では、隋王朝（181 年〜618 年）の時代から設置されていたという。
7）中村彰彦、前掲書、210 頁。
8）山下昌也『大名の家計簿』角川書店、2012 年、189 〜 190 頁参照。
9）家訓は本来なら「かくん」と読みたいところだが、会津では、「かきん」といい伝えられてきている。この家訓は、代々の藩主により受け継がれ、幕末まで厳守されている。松平容保が京都守護職を拝命したのも、この家訓の第 1 条の存在が大きかったと思われる。
10）便辟便佞の者とは、口先だけがうまい者を意味する。

11）中村彰彦『保科正之言行録』中央公論新社、2012 年、206 ～ 207 頁参照。

12）中村彰彦『保科正之』中央公論新社、2005 年、115 頁参照。

13）中村彰彦「福祉の父、保科正之世界に先んじ、制度を確立」『自由民主』第 651 号、
自由民主党、2007 年、60 頁参照。

14）同上、60 ～ 61 頁参照。

15）同上、61 頁。

第 5 節　むすびにかえて

　保科正之は、いかに財政難であっても、会津藩にとって必要な事は、積極的に行っている。そのためには、領民の喜ばない不要不急の仕事は、思い切って廃止したり、削減したり、あるいは中止したりしている。そして、生じた余剰人員や予算を必要不可欠な仕事に振り向けた。しかし、全体としては財政難であり、地域の産業復興によって、収入増を試みたのである。

　保科正之の行った財政改革上の最大の貢献である社倉制度に関しては、正之が会津藩主だった時代に限定されるものではなく、代々の藩主がこの制度を活用しつつ、その拡充に努めた。その一人が、1669（寛文 9）年 4 月、正之の隠居後、会津藩 2 代藩主となった四男保科正経であった。この頃、社倉米は 5 万石に達している [1]。

　更に、注目したいのは、この社倉制度によって、会津藩の国力が充実した事に着目した諸藩が、これを手本とし、それまで見向きもしなかった国民福祉政策を採用し始めた、という事である。特に、「加賀百万石」の加賀藩では、1670（寛文 10）年 8 月から、会津藩と全く同じ国民年金制度を開始した事も付言しておく。

　保科正之を、完全無欠の明君と賛美する人がいる。しかし、いかなる人物であれ、完璧であるという事はあり得ないであろう。会津藩の国元には、田中三郎左衛門等の優秀な人材が揃っており、江戸の正之と常に連絡を取り合っていた。その結果、会津藩は藩主が長年に渡って不在であっても、堅固な統治が可能だったのである。そしてそれは、正之という不世出の人物の足

るを知る心、換言するならば、与える事の多くして、貪る事のない見事な精神の発露であったといえよう。

　以上のように、幕府にとって、会津藩は極めて重要な存在であったがために、幕末動乱の時代を迎えるや、最も頼りにされる藩となったのである。最後の藩主松平容保は、保科正之の家訓の精神を守り抜く事によって、あえて会津藩滅亡に至る途を選択したともいえよう。徳川宗家にとって、本来、最も頼みの綱となるべき藩は、尾張、紀伊及び水戸のいわゆる徳川御三家のはずであった。しかし、最後の最後まで、藩として忠誠を尽くしたのは、会津藩に他ならなかったのである。

註
1）中村彰彦、前掲書、120頁参照。

保科正之関係略年表

1609（慶長14）年　母、お静、2代将軍徳川秀忠の子を身ごもるが、正室於江与の方の勘気を恐れて、大奥を下る。兄の家で最初の子を堕胎する。

1611（慶長16）年　秀忠の四男、庶子として、竹村宅に誕生する。秀忠は、幸松と命名する。

1613（慶長18）年　老中の土井利勝と本多正信が、見性院に幸松の養育を依頼する。

1614（慶長19）年　大坂冬の陣が生じる。

1616（元和2）年　祖父の徳川家康が駿府城で鬼籍の人となる。

1617（元和3）年　保科肥後守正光の養子となり、幸松が信州高遠城に入る。この時、幸松の養育料5000石が高遠藩に加増される。

1618（元和4）年　幸松の養育料5000石が更に加増され、高遠藩は3万石となる。

1620（元和6）年　養父正光、部屋子左源太を義絶し、幸松を養継嗣子とする遺言を残す。

1629（寛永6）年　正光に従って、江戸で将軍秀忠に初めてお目見えする。

1631（寛永8）年　正光が死去し、高遠藩主となる。元服し、幸松を改め正之と改名する。以後、肥後守と呼ばれる。

1632（寛永9）年　実父の秀忠が泉下の人となる。従四位に昇任する。

1633（寛永10）年　磐城藩主内藤政長の娘菊姫と結婚する。

1635（寛永12）年　実母のお静が死去する。

1636（寛永13）年　山形城20万石へ加増されて移封される。諸法度を発令する。

1637（寛永14）年	正室菊姫が死去する。全国的な飢饉が発生するが、山形藩では備えにより、餓死者はいなかった。
1638（寛永15）年	出羽白岩で百姓一揆が発生する。
1639（寛永16）年	3代将軍徳川家光から、幕政参加を命じられる。
1643（寛永20）年	山形藩から、会津藩23万石と新田2万石、預所の南山5万5000石へ移封となる。以後、幕末まで会津藩主を務める。領内の14寺社に、田地を寄進する。産業の育成と振興を目的に、「留物令」を発布する。
1644（正保元）年	瀬戸の陶工達を招き、本郷焼の基礎とする。従四位上に昇任する。
1648（慶安元）年	以後、23年間帰国せず、幕政に全身全霊を捧げる。人身売買を禁止する。
1651（慶安4）年	兄の将軍家光が鬼籍の人となる。
1652（承応元）年	軍令十四条、軍禁十五条、家訓の制十四条、道中の制十三条を改定する。『輔養篇』を編纂し、家綱に献上する。
1653（承応2）年	領民に救米を貸し与える。従三位中将を下賜されるが、辞退し正四位下のみを受ける。
1654（承応3）年	正之の提言による玉川上水が完成する。日本で初めての社倉創設の構想を内示、通達する。
1655（明暦元）年	飢饉の際に貧農や窮民を救済するため、社倉法を創立する。
1657（明暦3）年	明暦の大火が発生し、会津藩邸も類焼する。会津藩は甲州流軍学による軍制改革を行う。
1658（万治元）年	領内に倹約令を出す。
1659（万治2）年	江戸城の本丸が竣工される。正之の意向により天守閣は造られなかった。
1660（万治3）年	それまで実施していた郷頭の百姓に対する恣意的な扱いを禁じる。
1661（寛文元）年	米相場買上制を開始し、寛文年間に升と秤の統一を行う。朱子学を藩学として奨励し、好学尚武の藩風を作り上げた。正之、眼病のため平常の江戸登城を免じられる。
1662（寛文2）年	正之、病に倒れる。将軍より見舞いを受ける。
1663（寛文3）年	社倉米が、2万3000俵に達する。後に5万俵まで増加する。90歳以上の者に、身分を問わず、終生一人扶持の支給を実施する。正之、初めて吐血する。
1664（寛文4）年	正之、再び吐血する。会津の学問所である稽古堂が開校する。産子の間引きが禁止される。
1665（寛文5）年	会津藩の蝋及び漆を専売制とする。
1666（寛文6）年	社倉米3000俵を貸し出す。領内の寺社の神仏習合を排斥し、整理、再興する。

第 4 章　保科正之の財政改革（会津藩）　　105

1668（寛文 8 ）年　将軍徳川家綱より松平姓と葵紋の使用を命じられるが、辞退する。
「会津家訓十五箇条」を公布する。
1670（寛文10）年　失明した正之、家綱より暇をもらい、23 年ぶりに会津に帰国する。
高騰した米 2 万 8000 余石を藩で買い取り、領民に安価で分ける。質
素倹約令が出される。
1672（寛文12）年　『会津旧事雑考』及び『会津神社誌』が完成する。正之、12 月 18 日、
江戸の三田藩邸で点鬼簿の人となる（享年 62 歳）。
1864（元治元）年　従三位が 200 年後に追贈される。
（出所：中村彰彦『保科正之』中央公論新社、2005 年、192 〜 202 頁から作成）

第5章

羽地朝秀の財政改革（琉球王朝）
——外圧を利用して改革を推進した摂政——

第1節　はじめに

　17世紀後半の琉球[1]では、羽地朝秀[2]、唐名、向象賢[3]による大規模な財政改革が行われた。この改革は、具体的には、1666（寛文6）年から1673（延宝元）年の間、すなわち、朝秀が、王府最高職である摂政の役職に就いている時に行われたものである。改革の評価は、概ね琉球の制度を改変し、新たな国家体制に作り変えたという事で一致している。

　羽地朝秀は、近世琉球史に一時代を画した人物であるにも拘わらず、残念ながら、彼の経歴を伝える史料は乏しく、その財政改革の全容を詳細に記述した史料も残されていない。残されているのは、彼の施政下で出された布達文書の一部を集めた『羽地仕置』のみである。『羽地仕置』という場合、基本的史料は『沖縄県史料　前近代　首里王府仕置』[4]と『註校　羽地仕置』[5]に限定される。後者にのみ、東恩納寛惇の詳細な注解及び解題がつけられているので、本章では、この著作を中心に朝秀の財政改革を検討する事とする。

　東恩納は『註校　羽地仕置』の中で、以下のように記述し、朝秀を高く評価している。すなわち、「向象賢（羽地朝秀——筆者、以下同様）は英雄でも豪傑でもない。一片の私心なき熱血良識の指導者であったに過ぎない。執政十年間昼夜精根を傾け尽して所信に遭遇し意に負荷の大任を完遂した。今、戦後7年、不幸にして一向象賢の出づるなく、我等の郷国が解体のまゝに曝されてゐるのを槐ぢ、即ち彼を地下に呼び出して警世の木鐸を叩かしめんとし、仕置を通じて、その精神に触れんとする所以である」[6]と。

　さて、『羽地仕置』に明示されている内容を大別すると、羽地朝秀の改革

が大規模な政治組織や経済の合理化、無駄な費用の排除というように、財政改革を念頭に置いた制度の刷新を行おうとしていた事が理解できる。『羽地仕置』は、羽地政権の問題発見の記録であると同時に、問題解決のための著作である。17世紀後半を迎えた時点で、当時の琉球王朝がいかなる問題を抱えたまま推移していたか、その問題点を内部から鋭く指弾した怒りの記録でもある。そして、朝秀がそれらの諸問題に、いかに対応したかを後世に伝えている。この書物において、全編を通じ「琉球内部に巣くう敵」との戦いが熱く述べられており、その闘争により琉球の再興を図ろうとした朝秀の執念に彩られている、といってよいであろう。

　本章の目的は、羽地朝秀の主たる著作である『羽地仕置』を中心にして、彼の財政改革を分析研究し、後世への貢献を明確にする事にある。

　　　註
1) 琉球なのか、沖縄なのかに疑問を持つ者は多いであろう。明治以前は、琉球という表現が一般的であったが、明治以後、沖縄という呼称が定着した。しかし、第二次大戦後は、米国軍の管理によって「琉球政府」と呼ばれていた。そして、日本への復帰後は、再び沖縄という呼称に戻った。この区分を簡単に表現するならば、琉球というのは、沖縄本島を含む列島の名称であり、沖縄は琉球列島の中で最も大きな島の名を意味する。本章では、近世の歴史的側面を重視して、原則として、琉球の表記で統一する。
2) 羽地朝秀という名は、地域の責任者という意味を保有する。尚、都合により、引用部分等では、向象賢という名を使用する。
3) 彼は、実をいえば、琉球9代の尚賢王の流れをくむ王子である。しかし、摂政の身なので王を憚り、「尚」の2画を落とした「向」と変えたのである。だが、読み方は「しょう」のままとしていた。
4) 沖縄県沖縄史料編集所編『沖縄県史料　前近代1　首里王府仕置』沖縄県教育委員会、1981年。
5) 東恩納寛惇『註校　羽地仕置』興南社、1952年。
6) 同上、3頁。

第 5 章 羽地朝秀の財政改革（琉球王朝）　　　109

第 2 節　羽地朝秀の生涯

　最初に、本節では、羽地朝秀の生涯に関して記述しておくべきであろうが、
残念ながら、全くといってよいほどこの種の資料は存在しない。そこで、朝
秀の琉球国摂政に就任した状況を中心に、述べていく事としたい。

　羽地朝秀は、1617（元和 3）年、琉球王族の羽地御殿 5 世の長男として生ま
れた。童名は思亀、唐名は前述の如く向象賢である。ただし、この唐名は、
朝秀の死後につけられたものである。また、名乗りは重家であった。王家分
家の氏が「向」、名乗りが「朝」に統一されるようになったのは、1691（元
禄 4）年以降である。それゆえ、存命中の正式名称は、呉象賢、羽地按司重
家である。号は通外であった。朝秀の祖先は尚真王であり、彼は琉球王朝歴
代の王でも「名王」と評価されている。なぜならば、画期的な改革を次々と
実行したからである。いうなれば、現在の琉球文化は、尚真の時代に確立さ
れたといってもよいであろう。したがって、朝秀はその輝かしい王の子孫で
あるから、陽の当たる場所にいても不思議ではない存在であった。しかし、
実際にはそうはならなかった。その理由は、当時の宮廷事情で、朝秀の祖先
が強引に王宮から追われたからであった。そのために、朝秀の祖先の系譜も、
日蔭の立場にされてしまったのである。

　しかしながら、羽地朝秀にも日蔭の身から陽の当たる場所に登場する日が
やってきた。朝秀は 49 歳で尚質王の摂政となり、様々な改革を任される事
となったのである。朝秀が摂政を引き受けた経緯について、『羽地仕置』に
は、次のような逸話が記述されている。すなわち、「具志川按司の後任につ
いて、大和へ伺ひを立てられた御返事に、羽地へ仰付けられるとあるにより、
早々出仕するやうにと、牛の十月十九日御書院親方を使として御内意を伝へ
られたにつき、身分不相応の大役仰付けられ、面目至極ありがたき仕合とは
思つたが、勤め果たせる自信も付きかねるより、熟考の上御返事申上げると
云ふ事にして、其日はお請けしなかつた。それから話の序に、国相（摂政
——筆者）と云へば御当地では重職で、大和までも伺ひを立てられて任命さ

れるほどの大役、内証で仰付けられる筋合のものではないと存ずる、同じ事なら表向鄭重にお沙汰あつて然るべしと一存のほどを申陳べし処、尤もの儀とあつて、次の日に、三司官伊野波親方が使いに立つて伝達あり、お請けいたし出仕する事にした」[1] と。

　上述の文章の後半部において、羽地朝秀は、屋敷を訪れたのが「内緒」（内宮）の官僚であった事に不満を感じた。摂政という重大な役職就任を依頼する使者として、合点が行かないと考えた。当然、「表」（外宮）の大臣が来るべきだ、と注文をつけたのである。自分の意見が聞き入れられた時、初めて、彼は摂政職を受諾したのであった。

　それでは、なぜ、羽地朝秀はこうした瑣末的な事柄に固執したのであろうか。彼には明確な計算及び意図があったと考えられる。朝秀の政治路線を一貫する論理、その中心は、不要な儀礼と慣習を合理化し、産業を振興するために、政治行政の執行力を強化する事にあった。換言するならば、内緒と表を明確に分離し、内緒の機能を縮小して、表を強化、拡充する事に力を注いだのである。後年、朝秀は摂政就任の一件を回想して、次のように述べている。すなわち、「国王様より具志川按司の後任として拙者を指名していただいた。ありがたいことではあるが、しかし、分不相応のことゆえお断り申し上げた。だが、この件は薩摩藩の了解を得ていることでもあり、辞退できないということなので、お言葉に従い、一期のみは勤めることとし、それ以降無理な場合は辞任するという条件でお引き受けした」[2] と。

　しかし、摂政就任に際して、羽地朝秀が用意周到な戦略を保有していた事が、前述の『羽地仕置』の引用部からも察知され、この言葉は、その通りに理解してよいものではないであろう。彼は、琉球王国の置かれている厳しい現実及びそれをいかに打破したらよいか、という強烈な問題意識をもって摂政の地位に就任した。そのような彼の目から見ると、首里城においては不要な虚礼が横行し、行政の理論と祭事の理論とが、混然と癒着する状況にあった。朝秀の取り組まざるを得なかった重要課題は、こうした虚礼を排除及び合理化して、王府機構の行政組織としての先鋭化を図り、その上で、琉球王朝を巡る諸問題を解決するための執行装置として、王府を強化し充実させる

第 5 章　羽地朝秀の財政改革（琉球王朝）　　　111

事であったのである。

　古くから続いていた慣習や伝統を、羽地朝秀は容赦なく非難の対象とし、それらを禁止もしくは改訂したのであった。1667（寛文 7）年 3 月、彼は冠婚葬祭に関する新しい規定である「掟」を公布している。また、朝秀の虚礼廃止は首里の官人だけでなく、掟と同じ時点で「覚」と題する文書を作成し、地方農村にも公布している。朝秀は、首里の特殊官僚に対するのと同じ論理で、地方農村にはびこる虚礼をも非難したのであった。

　羽地朝秀が問題視した事は、役人がその職務をわきまえず、百姓に対し法外の負担を掛けているという非法状況の存在であった。地頭が「すかま銭」と称し、強制的に百姓にお金を貸しつけて、その借金の見返りに 1 カ月に一度使役する非法。百姓に鶏を預けておいて、年に鶏 2 羽、卵 36 個を徴発する非法。三司官や奉行級の王府首脳部がお歳暮や 3 月 3 日の礼と称して、各地方及び離島から猪、貝、干魚及び海草等を受け取る悪しき慣習。規定以外に百姓を使役する「すかま労働」の強制。地方視察を行った際に、法外の供応を受け、物品を着服する不正。役人のみでなく、その家族及び親戚までもが百姓から法外な利潤を得ている非法等。朝秀が対象として挙げた非法は、枚挙にいとまがなかった。農民達は勤労意欲を失い、農業を見限って首里、那覇及び泊等の都市部に流入する者が後を絶たなかったという [3]。以上の様々な非法の中でも、中間において利潤を得ている者を排除し、百姓の農産物の生産を妨げる事は、非常に重大な問題であった。なぜならば、百姓の農産物を法外に徴収されると、百姓の家計が不安定となり、しかも勤労意欲も損なわれるからである。直接生産者である農民が勤勉に働き、生産と家計を安定させる事、これこそが琉球王朝の財政の基本である、と朝秀は考えていたといえよう。

註
1）　東恩納寛惇、前掲書、44 頁。
2）　高良倉吉「向象賢の論理」『琉球史近世編（上）』琉球新報社、1989 年、164 頁。
3）　同上、164 頁及び高良倉吉「琉球王国の展開——自己変革の思念、『伝統』形成の背景——」『岩波講座　世界歴史 13　東アジア伝統社会の形成』岩波書店、1998 年、

81 頁参照。

第3節　薩摩藩との関係と琉球王朝の財政状況

　羽地朝秀は、前述の如く、摂政の職にあった時代に羽地仕置という諸改革
を実行した。しかし、当時、彼の改革の前に立ちはだかる2つの厚い壁が存
在していた。第一は、前節で述べた自己の王族としての不遇という個人的な
壁であり、第二は、琉球王朝を圧迫する薩摩藩の支配という政治的な厚い壁
であった。すなわち、朝秀は二重の壁に立ち向かわなければならなかったの
である。しかし、彼は2つの壁を見事に打破する事に成功する。紙幅の関係
もあり、本節では第二の壁の打破を中心に論じる事としたい。この壁を打ち
破る当時の琉球の選択は、「第一の道」か「第二の道」を選択するしかない
ように思われていた。第一の道とは、薩摩藩という支配国に徹底して抵抗す
るという道であり、第二の道とは、薩摩藩に全面的に屈服するという事であ
る。しかし、朝秀は、改革の基本方針として、この両者をも採用しようとは
しなかった。彼は、「第三の道」を模索したのである。すなわち、琉球の支
配国である薩摩藩に屈したように見せかけながら、実際には、琉球王朝の自
治を保ち続けたのである。当然、この政策には、巧妙な政治力及び外交力が
必要とされた。そして、この複雑な政策を推進するためには、琉球王朝の人
民の理解、納得及び協力が重要であった。彼は、見事にそれを成功させた。
朝秀の財政改革の成功の要因は、彼が尚真王の系譜にあった事と、卓抜な政
治力を保有していたと同時に、薩摩藩とも昵懇の間柄であった等のいくつか
の望ましい条件が作用していた事にあると推考される。

　薩摩藩の島津氏が、琉球王朝に侵攻する淵源は非常に古く、1441（嘉吉元）
年に始まる。室町幕府に将軍継承問題で叛反を企てた足利義昭[1]を、薩摩
国主島津忠国が討ち滅ぼした。その結果、将軍足利義政は、琉球を彼に与え
るとの辞令を出した。しかし、琉球王朝にとっては、全く関知しない事柄で
あり、忠国も即座に琉球に攻め入る意志を有していなかった。すなわち、義

政の辞令は、実質的には何の効果もなかったといってよいであろう。やがて、1516（永正13）年、将軍足利義晴は備中蓮島の三宅和泉守国秀という土豪に、琉球遠征を許した。更に、1582（天正10）年には、豊臣秀吉が部下の亀井茲矩に、琉球王に任ずるとの命を出している[2]。その後も、本土から琉球国に対し、何人もの支配者を任命している。しかしながら、その度に島津家がそれを阻止したのである。更に、義晴が琉球王に任命した国秀は、島津家の手によって殺害された。また、茲矩の琉球遠征も、島津家が秀吉に頼んで頓挫させている。

　島津家の琉球に対する関心は深く、様々な理由を設けて接触を図っていった。1570（元亀元）年、島津義久は広済寺の住職であった雪岑に書簡を託して、琉球国に送り込んだ。島津家としては、琉球王朝と友好関係を構築し、琉球王国が行っている中国との貿易の利益の一部を獲得したい、との考えがあったのであろう。ところが、これが後世に問題を残す事となった。というのは、琉球側が島津からの特使であった雪岑を、十分にもてなさなかったからである。そこで、島津家では様々な理由をつけて琉球国を非難した。琉球王国との関係を構築しようとしていた島津家であったが、その後、領土縮小の難題が発生した。琉球王国への対応どころではなくなってしまったのである。なぜならば、島津家が北上して、九州全土を手中に治めようとした野望が、無残にも挫折したからである。島津家の野望を打ち砕いたのは、豊臣秀吉であった。秀吉は関白の座に就くと同時に、諸大名に対し、領土拡張のための私戦を禁じる命令を出した。島津家は、当然のようにこれを無視し、北上を続けた。たまりかねた豊後の大友宗麟は、秀吉に救援を頼んだのである。この依頼は秀吉にとって、格好の九州討伐の口実となった。秀吉は天皇の名において、島津氏を討つという大規模な討伐軍を編成した。世にいう「九州征伐」である。島津氏は降伏を余儀なくされ、領土も薩摩、大隅、日向等に限られてしまった。島津氏の九州全土支配の野望は、打ち砕かれてしまったのである。しかし、秀吉が死去すると関ヶ原の戦いが起こった。この時、島津氏は西軍に味方したが、西軍は破れてしまう。幸いにも公家の取りなしもあり、ようやく、島津氏は77万石を安堵された[3]。しかし、島津家累代の領

土拡張の野望が消え去る事はなかった。そこで対象となったのが、一時忘れ掛けていた琉球であった。

　徳川家康が天下人となると、薩摩藩は、今まで経験してきた琉球側の無礼の数々を誇大に家康に報告し、琉球征伐の許可を求めた。そして、家康はこれを認める。その結果、1609（慶長14）年、薩摩藩では、樺山権左衛門久高を総大将とする3000余名の軍勢を侵略軍として派兵した。この年の3月4日、薩摩の山川港を出航した薩摩軍は、奄美大島、徳之島、沖永良部島等を次々と陥落させた。これらの諸島は、当時、琉球王朝の支配地であった。やがて、3月25日には、主力部隊が沖縄北部の運天港に上陸した[4]。羽地朝秀が摂政に就任する半世紀ほど前の1609（慶長14）年春、琉球は薩摩藩の圧倒的な軍事力の前に敗れた。国王をはじめ重臣達は薩摩に連行され、琉球の薩摩藩支配に忠誠を誓う起請文を書かされ、やっと帰国を許されたのである。敗戦の結果、琉球王朝の領土から奄美諸島が、薩摩藩直轄領として分割されたばかりではなく、毎年高額の年貢を薩摩藩に支払う事を義務づけられた。琉球国王及び首脳の就任に際しては、薩摩藩主に起請文を提出する事が慣例となり、薩摩藩側のお目付機関である在番奉行が、那覇に配備されるようになった。また、将軍の代が替わるたび、慶賀使を琉球王朝を支配する王の就任後に、感謝使を将軍の元へ派遣する義務も課された[5]。その結果、琉球王朝の政治的自立性は制限され、薩摩藩及び将軍権力の強い拘束を受ける従属的な存在に変化したのである[6]。

　琉球王朝と薩摩及び明との関係において、「両属」という説が存在する。琉球王朝は明との間で朝貢貿易を行っていたので、明の皇帝に承認された国家という立場を維持していた事や、同時に薩摩藩に侵略されていたので、明と薩摩藩の両方に従属させられていたという説である。現在では、この両属説は否定されている[7]。すなわち、明に従属していたのは、琉球王朝の自主的な意志であり、この点では、確かに従属関係を保有していたといえよう。しかし、薩摩藩島津家の場合は、一方的に琉球を侵略したのであり、琉球の国家意志ではないという見解である。当時、明は朝貢貿易の前提として「冊封」[8]という制度を採用していた。そのため、周辺国家は明に忠誠心を示す

ため、毎年、朝貢船を仕立て、朝貢品を納めていた。これに対し、明の皇帝はその朝貢品の何倍にも相当する珍しい金品を与えた。したがって、当時においては、明と外国との間に、対等貿易という制度は存在していなかった。また、同時に売買を主体とする貨幣の流通もなかったのである。対等貿易ならば、対象となる貿易品に関して、双方の意志の交流が存在するはずであるが、朝貢貿易の場合、その形跡は残されていない。すなわち、明の皇帝の一方的な判断に委ねられていたのである。

　琉球王朝は、国の統一後、朝貢制度を採用している。そして、薩摩藩は琉球を侵略した後も、明との朝貢貿易を継続する事や、明に薩摩藩と琉球王朝の関係を秘密にする事を、琉球の王に命令したのであった。すなわち、薩摩藩と一切関係のない琉球の姿勢を明に堅持しようと画策したのである。その理由は、明との朝貢貿易の利益の一部を取り上げようとしたからである。すなわち、江戸時代の琉球王朝は、一方では自らの意志による明との朝貢貿易を行い、他方では薩摩藩の陰湿な占領支配を甘受していたといえよう。薩摩藩の侵略によって、琉球の人民は、精神的には自棄的かつ虚脱的になりながら、屈辱感に苦悩し、経済的には生産が滞っていく。更に、薩摩藩に納める年貢が加わり、琉球王朝の財政は窮乏し、庶民の生活も逼塞した。薩摩藩の琉球に対する植民地政策は、着々と実行され、特に、薩摩藩との戦いの後、半世紀に及ぶ苦難は甚だしいものがあった。この苦難から抜け出して琉球王朝を立て直す、いわゆる「黄金の箍（たが）」をはめるために登場したのが、羽地朝秀であった。

　羽地朝秀は、経世家として活動するうちに、薩摩藩の支配を肯定する事が絶対的で、現実的な命題である事を強く認識するようになっていった。そして、彼が身につけた学問や思想は、その理論づけの根本的要素となった。朝秀の「日琉同祖論」はここから生まれた。彼が34歳の時に著述した琉球王朝の史書である『中山世鑑（ちゅうざんせいかん）』[9]は、琉球は本土とともに発展してきたので、琉球人も五穀もその元は本土であり、そこから展開した琉球王朝の歴史を鑑として、17歳で即位して23歳で泉下の人となった尚賢王や、20歳で即位した尚質王の政治を自身の政治の参考にするために記された書籍であった。

『羽地仕置』の中にも、「此の国の人の生れ初めは、日本より渡りたる事、ゆめ疑ひあるまじく、さればこそ、末世の今に至るまで、天地山川五形五倫鳥獣草木の名に至るまでも、皆日本と共通である。さりながら言葉の末に多少の相違があるは、遠国の上に、久しく通融絶えたる為めである。五穀も人種と同時に日本から渡って来たものである」10) と述べられている。

　琉球には、最初の実質的な王統樹立者とされる舜天王を鎮西八郎源為朝とする伝説が存在する。流罪人であった為朝がある時、舟に乗って伊豆の島を脱出した。そして黒潮に乗り、運を天に任せて琉球国の岬に漂着した。そこで、この港を運天港といっている。為朝が島の女性と結婚して生んだ子が舜天王であり、「琉球国の王朝祖」といういい伝えである。この事柄は、前述の『中山世鑑』にも記されている。

　この著作は、『羽地仕置』において、「尚寧終を慎まず、始に悸り、恐懼の心日に弛み、邪辟の情転々恣に、聚欲の臣一邪名を用ひて、天下の誠を失ふ」11) と筆誅を加えているが、このような考え方が羽地朝秀に、過去の誤謬を繰り返さない教訓として、「世鑑」と命名されたものであり、琉球の人民に本土を再認識させただけでなく、日琉は同根であって、琉球王国が明に依存していた、といういわれなき疑義を否定させる必要性を強く思惟させる。この事をひとつの史実として、朝秀は「日琉同祖論」を唱え始めた。日琉同祖論は、朝秀が琉球と日本人の人種的一体性を強調した説として知られている。すなわち、日本と琉球の祖先は同一民族であるという解釈である。当時、日琉同祖論に反対する人々も多数存在していたが、朝秀はこの説を基礎として、薩摩藩の外圧を国内改革に利用しようと考えたのである。

　羽地朝秀が琉球王朝の政治を任された時、琉球は様々な腐敗を内包していた。以下に簡単に挙げておこう。すなわち、

　一、王朝の役人を中心に、一部の権力者たちの生活が非常に贅沢になっていた事。
　二、風紀が乱れ、特に王朝役人の腐敗が顕著だった事。
　三、王朝内の女官達の権限が非常に強くなっていた事。

四、年貢を納める農村の荒廃が甚だしい事。

五、名王とされた尚真王の時代の「刀狩り」により、民心に緩みが生じ、
　　生き甲斐を失っていた事 12)。

　羽地朝秀は、琉球王朝の以上の諸問題を課題別に整理し、徹底的に改革し
ようと決意したのである。日琉同祖論を主張したのは、薩摩藩の心証をよく
し、自分の改革に対する微細な干渉すら避けたい、という考えがあった。そ
のため、朝秀の本心は、琉球の人民が日琉同祖論を信じようと信じまいと一
切構わない、というものであったに相違ない。薩摩藩側に日琉同祖論を唱え
る事によって、妥協しているような印象を与えながら、実質的には、自分の
思うままに琉球王朝内の改革を実行しようとしたのである。
　本節の最後に強調しておきたい事は、羽地朝秀の思想を支えていた関心が、
琉球王朝を萎縮させてしまう薩摩藩の強権的な支配、あるいは、明における
政権交代の余波が琉球に及ぼす悪影響でもなかった、という事である。換言
するならば、彼が最も恐れていたのは、厳しい政治的、外交的環境の下で、
琉球王朝そのものが内部から崩壊してしまう事であった。そして、その兆し
はすでに現れており、その芽を徹底的に摘み取らない限り琉球の再興はあり
得ない、というのが彼の保有する危機意識であったといえよう。内部に巣食
う敵と徹底的に闘争しない限り、この琉球の将来はあり得ないとの強い自覚
であった。上流階層の頽廃ぶりや役人の非法を取り締まるためにも、また、
田畑面積の積極的な拡大策を中心とする農業振興を図るためにも、その推進
主体であるべきはずの、琉球王朝の強化抜きに展望は生まれなかった。その
理由は、薩摩藩の琉球王国支配は、琉球全てを律するというほどのものでは
なかったからである。那覇に駐在した在番奉行の職務権限は、極めて限定さ
れたものであり、琉球の行政全般に対し、絶対的な権限を有する植民地総督
のような存在ではなかった。薩摩藩の規制を受けながらも、琉球内部に対す
る直接的な行政主体として機能していたのは、首里城を拠点とする首里王府
だったからである。

註

1) 読みは同じであるが、室町幕府最後の将軍足利義昭とは別人である。
2) 童門冬二『諸国賢人列伝――地域に人と歴史あり――』ぎょうせい、2014年、163頁参照。
3) 童門冬二『江戸の財政改革』小学館、2002年、16頁参照。
4) 童門冬二「諸国賢人列伝　琉球国羽地朝秀（上）」『Governance』第4号、ぎょうせい、2001年、77頁参照。
5) 両者を「琉球王国江戸上り」と総称している。これは、薩摩藩が外国を支配しているという姿勢を誇示するための行為と思われる。
6) 高良倉吉、前掲論文、78～79頁参照。
7) 童門冬二、前掲書、21頁参照。
8) 明の皇帝が近隣諸国の支配者に対し王の尊称を与え、その地域の支配権を承認する事を意味する。
9) この著作は、本土でいうならば『古事記』あるいは『日本書紀』に匹敵すると考えられる。詳細は、羽地朝秀（向象賢）編述、沖縄県教育庁文化課編『重新校正中山世鑑』沖縄県教育委員会、1983年を参照されたい。
10) 東恩納寛惇、前掲書、85頁。
11) 同上、104頁。
12) 童門冬二、前掲書、25頁参照。

第4節　羽地朝秀の財政改革

前述の如く、羽地朝秀は自分の財政改革案に、羽地仕置という題名をつけた。この琉球王朝の財政改革は、琉球の人民に対して、懲罰的色彩を保有している。すなわち、朝秀は、この仕置は薩摩藩の指示により強制的に実施されるものである、としたのである。しかし、彼は薩摩藩の名を示唆する事により、自己の改革案を推進し、琉球が主体的国家に成長できるとの確信を有していたと思われる。薩摩藩侵入後の琉球で、まず着手された改革は、政治改革よりも財政改革であった。その理由は、石高知行制が現実になった事で、それに基づく財政運営と上納を実現しなければならなかったからである。そして、そのためには、政府の徴税制度及び財政のあり方も、同時に改革されなければならなかった。

この頃、琉球を統治していた王が薩摩藩から強調されていた事柄は、次の

ようなものであった。すなわち、1611（慶長16）年、7代の王であった尚寧王を帰国させるに先立ち、琉球が徳川政権下の大名である島津氏の支配下に入る事を確認する手続きを幾重にも行っている事である。最も重要なものは、起請文の作成である。起請文は、守るべき事を書いた紙（起請文前書）に熊野牛王宝印紙の裏面を使用し、誓う神の名を全て挙げ、違反すればこれらの神の神罰冥罰を受けるという文言を書き、署名し、血判を押して張り出した文書である。要旨は「太閤殿下が国内統一の出兵命じた時に琉球国にもその命が下った。しかし、琉球国の現状を心配した薩摩藩島津家が肩代わりして、本来なら滅亡にさせられるところを救ってくださった。薩摩藩の御恩はどれだけ感謝してもしきれないものがある。したがって、薩摩藩の国王に対しては、絶対に裏切るようなことはいたしません」[1] という意味である。起請文は日本の武家社会、特に、室町時代以後多く用いられたきたもので、盟約及び約束を守る事を誓う形式である。江戸時代にも、諸大名は将軍家に忠誠を誓うために、起請文や血判を提出していた。琉球を支配する王もこのような武士社会の儀式に連なる存在とされたのである。尚寧の起請文の前書には、3つの事が書かれていた。第一に、代々薩摩藩に疎意はないという事、第二に、薩摩藩からの法度は守る事、第三に、この事を子々孫々まで伝えるという事であった。この起請文は琉球王周辺の主だった家臣からも徴収された[2]。これは、あたかも琉球王朝自身に罪があるような内容であった。これを盾に取った薩摩藩は、「掟十五条」を定めて琉球に強要した。掟十五条の主文は、以下の通りである。すなわち、

一、島津氏の命ずる者以外、中国に誂物をしてならない事。

二、由緒ある人でも、官職のない者に知行を与えてはならない事。

三、女官に知行を与えることを禁止する事。

四、寺や社をたくさん建てない事。

五、薩摩藩の承認判のない商人には商いをさせない事。

六、年貢とその他の公物は、薩摩の奉行が定めた通り収納する事。

七、町人や百姓に定められた諸役のほかに、無理非道のことをいう者が

あった時は薩摩藩に訴える事。

八、琉球から他国への商船を派遣してはならない事。

九、薩摩藩が指示した日本の升以外に用いてはならない事。

　等々[3]。

　琉球王朝の財政改革の責任者となった羽地朝秀が考えてみても、薩摩藩の要求する掟が厳し過ぎるという感じは否めなかった。しかし、琉球国の改革に十分利用できるものがある、と朝秀は考えた。この掟十五条の中に、年貢に関する記述がある。すなわち、第六条である。これは琉球の内政及び外交に関する法令を明示したものであった[4]。

　また、掟十五条以前に、琉球支配にとって最も重要で、後の貢納の基準になる「琉球国知行高目録」が薩摩藩主島津家久から尚寧王に出され、琉球の知行高（石高）が設定された事は、極めて重要な意味を持っていた。琉球国の検地は、尚寧が駿府及び江戸に行っている間に実施され、先島を含めた琉球諸島の検地帳が、1611（慶長16）年8月に藩庁に提出されている。琉球国知行高目録は、尚寧の帰国直前の同年9月10日付けで出されているから、この目録は、検地帳提出後、早々に作成されたものである事が理解できる[5]。

　しかし、琉球の石高は、1610（慶長15）年から翌年にかけての薩摩藩による検地（慶長検地）によって、「薩摩は、大島を除く諸島の惣高八万九千〇八十六石、その内五万石を藏入とし、殘りの三万九千〇八十六石で諸士に配分し、余剰があつたら藏入に加算すべき事を指令した。惣高はその後数度の改訂を加へて多少の出入があつたが大体の概念としては、惣高九万石の内、約五万石が国庫収入、約四万石が知行高と云ふ事になる。これは大体の見当で、それだけの割当石高の租入で一切を賄つ行くと云ふ事で、税率は大体五公五民であつたから、五万石の五割二万五千石で、王家の内外の公界が立てられねばならぬ建前で、この切盛を『御財制』と唱へる」[6]と『羽地仕置』に書かれている。更に、少し長くなるが、以下のようにも記述され、『羽地仕置』の根拠を明示している。すなわち、「五万石に対する薩摩への貢納約七千石、天使館の維持費約百石、薩摩に対する交際費約五百石、大美御殿費

用約五百石、中城御殿約六百石、野嵩御殿約百石等を計上して、一万三千石余が永代不変の御定制と云ふ名義で経常費目となつてゐる。この外に各種の礼式祭礼祈願諸寺諸社への寄進唐船楷船の手入仮屋役人の飯料所望品の調達臨時の救助諸役人の旅費日当合力等々すべてこの中から支出されて行くのであるから、収支僅かに相償へば上乗の部であった。であるから、不時の天災等に遭つて、公営物の営繕等一時に巨額の出費となると、御缺略々々だけでは到底追付く筈がなかつた。後世になつては各役所の事務用消耗品例へば筆紙墨の如きですら、数量が限定され、備品書類等に白蟻が入つて、仕立替の必要に迫られてその経費を捻出する方法すらなかつた位である……こうした琉球王国の財政的窮乏を救済するためには、無駄な費用を倹約する一方、家臣の知行高を整理して余剰を多くし、これを蔵入に回収し、農村の振興を計つて租入の缺負なからしめるより外はなかつた羽地仕置はこゝに根拠を有するものである」[7] と。

　だが、1629（寛永6）年に至り、石高に誤りがあったという事で6000石を減じた8万3085石余りの新しい知行目録が発給されている。その後、1635（寛永12）年になり、薩摩藩の内検に合わせて、琉球の石高の「盛増」と土木税が賦課される事になった。盛増は石高100石につき7石3斗6升5合1才を増税するものであり、土木税は芭蕉地、唐芋地（からいも）及び室蘭地（むろい）等の地や桑、棕櫚（しゅろ）、漆等の木に新しく税が課されたのである。この結果、琉球の石高は9万883石余りとなったのである[8]。

　羽地朝秀は、前節で挙げた琉球の腐敗に関して、自分なりに5つの改革案を立案した。以下に記述する事にしよう。

　第一に、質素倹約策が挙げられる。琉球王朝では、ある役職に就いた時は、王、后及び城内の女官達に莫大な進物をする風習があった。これを王と后だけに限定し、ごく簡素な品物を献上するように改めた。この事は、按司衆が地頭所を与えられた場合や、三司官の拝任があった場合も同様とした。更に、羽地朝秀は、諸役人の縁組、祝言、葬礼及び祭礼等の王朝の諸行事の簡素化を指示した。

　第二に、風紀の粛清が挙げられる。例えば、人民の遊女遊びを禁止した。

更に、遊女を自宅に囲う事を禁止した。

　第三に、王城内の女官達の権限を弱体化させた。首里城内では、王とその后に仕える女官達が大きな権限を持って、王への通達や、琉球王朝の人事にまで口を出していた。以後、これらの事は全て取次衆使者が行い、女官の発言権を大幅に縮小した。

　第四に、琉球王朝の積極的財政改革策として、最も重要なもののひとつと考えられる農村の振興が挙げられる。琉球王朝の財政は、極度の危機的状況にあった。その証左に、羽地朝秀が、摂政に就任する以前の1660（万治3）年に首里城正殿が全焼している。このような場合、通常3～4年で再建されるはずであるが、それをなし得ないまま、琉球王朝の機能は、王家の家政機関である大美御殿に疎開していた。朝秀が摂政に就任した後に再建計画に積極的に取り組み、1671（寛文11）年にやっと完成させる事ができた。つまり、首里城再建に10年余りの期間を要したという訳である。

　農村の開墾に当たって、まず、1669（寛文9）年に薩摩藩の許可を得たが[9]、その前年、羽地朝秀は年頭使として上国しているから、その間の懇請によったものである事は相違あるまい。すでに、砂糖及び鬱金が専売制となり、薩摩藩は莫大な利益を得ていたので、耕地の増加は望むところであった。更に、農村の振興に関して、『羽地仕置』には、以下の記述が存在する。すなわち、「これまで公役の為人夫使用の場合、諸方の百姓を現役に徴用した為百姓痛みになつた処へ、野菜肴薪木等の現品も労務と相殺する事なしに徴発した為同様百姓の痛みになる様子故、寛文七年未の春比から、手間雇にする事にした。それについて、惣高九万八百八十三石の内から、両先島の分を控除した残高六万九千五百八十一石に、石当り一升五合づゝの免役米を賦課して夫賃並に徴発現物の代と相殺する事にした」[10]と農民達への配慮を示している。

　羽地朝秀の思想的基盤は、儒教の「節用愛人」[11]といってよいであろう。彼はこの理想を掲げ、農民に対する地頭の苛斂誅求を戒めている。『羽地仕置』の中でも、以下のように記述されている。すなわち、「地頭所の大小により、人口にも多少があり、人数の少ない所は、百姓の負担大なるにより、按司地頭惣の地頭のやうに領民の多い分は年一日、脇地頭のやうに労力不足

の分は二日使用させる事に、これも寛文七年の春比に定めた」[12]と。加えて、朝秀は農民の負担の軽減を図る。これに関しても、『羽地仕置』には以下のように記されている。すなわち「これまでは、按司地頭惣地頭（総地頭——筆者）は、領内から伜者五六十人、脇地頭は十人二十人勝手に使用、百姓の痛みになるにより、巳年（寛文5年）の春比、按司衆は十三人、親方衆は二十人、取次役御物奉行役は九人、其他は位に応じそれぞれ五人三人と限定した」[13]と。

　羽地朝秀の仕置まで、現品の貢納と労役とが相殺されずに、並立して農民に負担を強いてきた。しかし、彼はこれを改め、年貢と労役を相殺するように指示を出した。更に、諸地頭の苗植え、稲刈り、畑打ち等の労役に関して、按司地頭と総地頭は、年に1日、脇地頭は2日に限る事とした。また、動員する人数も、按司地頭と総地頭は50〜60人、脇地頭は10〜20人とし、勝手に使用する事を禁止した[14]。その他、労務者を使用する時の賃金が極度に安価であったり、あるいは、生産物を僅かな代金で勝手に徴発する事を禁じ、総地頭と脇地頭に新田開発を奨励した。加えて、農民にも、土地の永代所有を認めた。

　第五に、諸芸の奨励が挙げられる。学文、算勘、筆法、筆道、医道、立花、容職、謡、唐楽、料理、茶道及び乗馬の中で、二芸を若い時から修行する事を奨めた。したがって、王朝で採用する役人は必ず一芸がなければならない。芸のない人々は採用しない。この事は、由緒ある家に生まれた者にも適用する[15]。

　東恩納寛惇は『羽地仕置』の本文に続く解題の「五、羽地仕置の起点」の最終部で、羽地仕置の性格について、次のように述べている。すなわち、「羽地仕置が薩摩の占領政策の線に沿つてゐる事は勿論である。然るに薩摩の占領政策或いは又興師の原因すらも対支貿易の独占にあつたにも拘らず、羽地仕置は、貿易は勿論冊封進貢の儀礼についてすら、一言も触れてゐない。つまり、薩摩の意を迎へる為に、沖縄の犠牲において、薩摩の貿易を行ふ事を考へてゐない。私が彼れ（羽地朝秀——筆者）の政策を民族的自覚に基くとする所以である。彼れは徹頭徹尾、民力の休養、迷信の打破、冗費の節約、

精神の作興、風紀の粛清、民俗意識の昂揚に終始した。この点では政治家と云ふよりも警世家であり豫言者であつた。私が蔡温との別の意味で向象賢を尊敬する所以である」16）と。

　しかしながら、財政改革というものは、短期間に達成できるものではない。羽地朝秀も、羽地仕置が行われても、すぐに琉球王朝の財政状況が好転する事はない、と熟知していた。年月を経た後、自ら次のように語っている。すなわち「大和の御支配になってこの方、四五十年、国（琉球——筆者）がこれほどまでに衰微したのは、一体何とした事であらう。財政方面も、大分の借財が出来、年々殖える一方で、手の付けやうもない。先年大和から諸士の知行と定められた高も、二三度に亘って減額された始末、奉公ぶりの良否に拘りなく平均に減額された為めか、諸人荒怠の様子、そこで、入るを量って出を為す方針を立て、代官（収納官）蔵役（支出役）等を督励した結果、三年以内に、右の借財も元利二百貫目ほど返済し財政幾分楽になつた。用を節し人を愛する趣旨から出たものである。そこで以前から減額して来た支給高も勤めぶりの良好なものから、順次復旧したので、人々の料簡も一変し、家計も立直り、奉公にも精出すやうになった」17）と。

　註
1）童門冬二『諸国賢人列伝——地域に人と歴史あり——』ぎょうせい、2014年、167〜168頁参照。
2）梅木哲人『新琉球国の歴史』法政大学出版局、2013年、114頁参照。
3）童門冬二「諸国賢人列伝　琉球国羽地朝秀（中）」『Governance』第5号、ぎょうせい、2001年、76頁参照。
4）しかし、実際には時間の経過とともに、諸種の法令が次々に出されており、この掟十五条だけが統治法令ではなかった。
5）梅木哲人、前掲書、115頁参照。
6）東恩納寛惇、前掲書、102頁。
7）同上、102〜103頁。
8）梅木哲人、前掲書、125頁参照。
9）宮城栄昌『琉球の歴史』吉川弘文館、1996年、124頁。
10）東恩納寛惇、前掲書、73頁。
11）「節用愛人」とは、『論語』巻第一、学而第一の中の「用を節して人を愛す」に依拠している。「子曰、道千乗之國、敬事而信、節用而愛人、使民以時」、現代語訳

「諸侯の国を治めるには、事業を慎重にして信義を守り、費用を節約して人々をい
つくしみ、人民を使役するにも適当な時節にすることだ」（金谷治訳注『論語』岩
波書店、2014年、23頁）。『羽地仕置』にも、「君子は用を節し人を愛すともあり、
人民の労苦を第一に心掛けらるべきの処、単に先例とばかりでは御仁政とは申さる
まい」（東恩納寛惇、前掲書、84頁）とある。

12）同上、74頁。

13）同上、78頁。

14）童門冬二、前掲書、30頁参照。

15）同上、29～30頁参照。

16）東恩納寛惇、前掲書、106頁。

17）同上、88頁参照。

第5節　むすびにかえて

　羽地朝秀路線の最大の眼目は、薩摩藩及び将軍権力に従属しつつも、琉球
王朝の主体性をいかに発揮するか、換言するならば、琉球王朝内部の経営主
体として、自己をいかに構築するかにあった。そのための課題が、重臣の意
識改革を含む首里王府の強化という問題だったのである。その場合の朝秀の
立場は、新しい琉球王府の構築にとって、不都合となる中世以来の伝統につ
いては、情け容赦なく否定するというものであり、琉球自身の手による自己
変革こそが、苦境を脱する唯一の方策であるとの不退転の覚悟であった。朝
秀の仕事は、琉球王朝の古い意識を打破し、新しい意識に立脚した社会、す
なわち、近代的社会へと体質改善を図るという壮大なものであった。彼はこ
の体質改善に失敗すれば、琉球の将来は保障できない、というほどの緊張感
を有していた。

　17世紀末期～18世紀初期を経て、蔡温[1] に継承されて行く琉球の財政
改革の時期こそは、近年の歴史研究者が、最も力を注いで分析研究する転換
点であるが、その転換の基本概念を描いたのは、羽地朝秀に他ならなかった。
彼は財政改革に取り組み、いよいよ引退する間際に、自身の摂政期間を省み
て、『羽地仕置』における末尾の部分で、以下のように記述している。すな
わち、「七ケ年（摂政期間——筆者）の間、昼夜精根を尽して相勤めた結果、国

なか政治も大方目鼻が付き、農村までも生計豊かになった事は、憚りながら自分一人の力ではなかったかと思つて居る。その為精も根も疲れて、その上身体も衰へて職務にも耐へがたくなった故に、此際退職願出た次第、あはれ不憫に思召されて御聴許願はしく、幸に今二三年も存命し閑地に自適しながら、行ける処までは行き度き所存、若しさうなれば本望これに過ぎない。たとひ十年二十年と勤め上げた人でも、私のこれまでの僅か七ケ年ほどの功績を挙げた人はあるまい」[2]と。この文章は、内部に巣食う敵との闘争に、7年間も一所懸命に取り組んできた朝秀の矜持と苦労が滲み出た言葉、という事ができるであろう。

　近世の琉球王朝に、羽地朝秀と蔡温という2人の傑出した政治家が登場したのは、何という偶然であろうか。両者が活動した時代は、琉球史にとって決定的ともいえる転換期に相当しており、彼らを軸に構築された琉球王朝の再興及び展開路線は、その後の基本的制度となり、生み出された社会的及び文化的状況は、その後の歴史において、「琉球的」と評価される価値体系のひとつとなったのである。1675（延宝3）年、朝秀が点鬼簿の人となった後、彼の路線を継承し、更にそれを整備強化し、それ以降の琉球のあり方の基本方針を定めたのが蔡温である。蔡温は、1728（享保13）年から1752（宝暦2）年までの四半世紀に渡って、三司官[3]を務め、琉球王朝の財政改革を主導していったのである。

　現在、沖縄県以外に住んでいる日本人は、しばしば忘れがちであるが、日本列島に住む人々は2つの国家を形成していた。一方は、大和朝廷から徳川幕府の延長線上にある大和国家であり、他方は、15世紀に統一した姿を現した琉球王朝である。前者の大和国家は東アジアにおいて、一貫して自立の立場を主張したが、後者の琉球王朝はそれと異なり、中国の明及び清帝国の冊封体制に入る事により、東アジアにおける正統性を保持し続けた、と筆者は強く思惟する。

　　註
　1）儒教を琉球の財政改革の土台とした羽地朝秀の後継者である蔡温に関しては、佐

久間正「琉球王国と儒教——蔡温を中心に——」『長崎大学総合環境研究』第11巻
第2号、長崎大学、2009年、93〜102頁が極めて詳細である。

2）東恩納寛惇、前掲書、91〜92頁。

3）三司官は、摂政の下で実際の政務を担当し、通常3人置かれたので、このように
呼ばれる。

羽地朝秀関係略年表

1592（文禄元）年　豊臣秀吉、琉球に賦役を課す。

1606（慶長11）年　島津義弘、琉球を介して対明貿易に動く。島津家久、徳川家康より征
琉を許される。

1609（慶長14）年　島津の琉球入り。尚寧王、薩摩に抑留される。

1611（慶長16）年　島津、琉球の検地を終える。尚寧、琉球への帰国を許される。

1617（元和3）年　琉球王族の羽地御殿5世朝泰の長男として、羽地朝秀誕生する。童名
は思亀、唐名は向象賢、号は通外。

1631（寛永8）年　薩摩、琉球に在番奉行を置く。

1633（寛永10）年　明へ進貢する。2年1貢制となる。

1635（寛永12）年　年貢増額、土木税を賦課する。

1637（寛永14）年　先島の島民に人頭税を課す。

1640（寛永17）年　羽地御殿の家督を継いで、羽地間切の按司地頭となる。薩摩に留学し
て、学問を修める。

1641（寛永18）年　尚賢王、就位する。

1646（正保3）年　砂糖及び鬱金の専売制を採用、初めて薩摩に送る。

1650（慶安3）年　王命により『中山世鑑』の編集を行い、琉球王国最初の歴史書を完成
させる。

1652（承応元）年　朝秀、羽地間切地頭となる。

1656（明暦2）年　当間銀の鋳造を開始する。

1658（万治元）年　朝秀、薩摩に3年間滞在する。

1660（万治3）年　首里城正殿炎上する。

1661（寛文元）年　朝秀、薩摩へ正殿復興の援助陳情に行く。

1662（寛文2）年　朝秀、城普請につき、合力として1年分の上納を免除する。

1666（寛文6）年　朝秀、尚質王の摂政となり、様々な改革を断行する。薩摩の掟十五条
を強化する。薩摩への貢租の3分の1が砂糖代納となる。

1669（寛文9）年　朝秀、開墾等についての仕置を令達する。

1670（寛文10）年　士族に系図の提出を命じ、身分制を強化する。農村振興に関する仕置
を令達する。

1673（延宝元）年　朝秀、日琉同祖論を基礎として、『羽地仕置』を完成させる。摂政の地位を退く。

1675（延宝3）年　11月21日、朝秀、鬼籍の人となる。葬儀は尚貞王も臨席する国葬級のものであった。

1688（元禄元）年　薩摩、京都に琉球唐物問屋を設置する。貿易品、砂糖及び泡盛等を高額で売却する。

1726（享保11）年　蔡温、『中山世鑑』を改訂する。

（出所：東恩納寛惇『註校　羽地仕置』興南社、1952年、114〜117頁及び宮城栄昌『琉球の歴史』吉川弘文館、1996年、290〜291頁より作成）

第6章

徳川光圀の財政改革（水戸藩）
——伝説化された明君——

第1節　はじめに

　徳川光圀、すなわち水戸黄門[1] を題材としたドラマや書籍は多数存在する。しかし残念ながら、実際には、「先の副将軍」という役職は、幕府には存在しない。供侍の水戸藩士、助さん及び格さんのモデルは、佐々介三郎十竹（宗淳）と安積覚兵衛（澹泊）であるが、剣客ではなく、光圀が取り組んだ一大事業、後の『大日本史』[2] の修史業務に専念した儒学者である。

　また、徳川光圀の藩外への遊歴は、熱海と鎌倉及び祖父徳川家康を祀った日光東照宮への参詣程度で、諸国を旅した形跡はない。初代藩主徳川頼房[3] が、定府制[4] の決まりで、53 年間に水戸に就藩[5] したのは、前後 11回、延べ 48 カ月であった。それに対して、光圀の就藩は、30 年間の藩主時代を通じて、回数は父の頼房と同じだが、滞在日数は約 90 カ月で、倍に近かった[6]。光圀は就藩すると、頻繁に馬や徒歩で領内を巡視し、藩役人を叱咤、譴責した。また、親孝行の農民を表彰したり、貧しい領民を救済したりしている。こうした領民に優しく、役人には厳しい光圀の言動が、やがて明君伝となったのであろう。

　徳川光圀の事蹟には、枚挙にいとまがない。1663（寛文 3）年には、人事を中心とした行政改革、1666（寛文 6）年には、社寺改革等を断行している。更に、光圀畢生の大業績は、『大日本史』の編纂である。この事に異論を唱える者は、存在しないであろう。

　徳川光圀が明君であったという評価は、定着しているといってよい。明君に明確なる基準は存在しないが、臣下と領民の最少限度必要なものを保証す

るという物質的な事柄と、指導者としての理念を鮮明に示すという精神的な事柄の2つの要素が、一応の基準となるであろう。光圀が明君であったとする評価は、前者よりも後者に偏重していると思われる。

　しかし、徳川光圀は、水戸藩の財政状況を無視していた訳ではない。財政赤字の改善について、多大な功績を残している。水戸藩は、徳川御三家でありながら、尾張藩や紀伊藩と比較して石高が低かった。それだけ、水戸藩は財政的にも困窮していたといえる。更に、財政を圧迫した要因は、他にも2つ存在した。ひとつは、参勤交代を免除されていた水戸藩主は江戸住まいであり、多くの家臣が江戸という大都会で暮らさざるを得なかったため、生活費が嵩んだ事である。第二に、『大日本史』編纂の事業が、水戸藩の財政赤字を膨大なものとした事であった。

　このように、水戸藩では、最初から構造的な財政難の上に、藩主の定府制と『大日本史』編纂が、加重な財政負担となっていた事は否めない。徳川光圀の在世当時から藩の経費を補うため、領内の富商や富農に御用金を課したり、藩士にも上納金を命ずるほどに、財政赤字が恒常的になっていたのである。逆説的にいうならば、光圀の「仁政」は、藩政が以上のような状態にあったからこそ、必要とされた民政上の対策であったとも考えられよう。

　本章の目的は、主として、徳川光圀時代（1661〔寛文元〕年～1690〔元禄3〕年）の財政改革に焦点を当て、財政状況及び財政再建の内容を分析研究し、後世への貢献ついて、若干の考察を試みる事にある。

　　註
　1）徳川光圀は隠居時、権中納言に任じられた。権中納言は、中国唐時代の門下省の官職である黄門侍郎に相当する事から、水戸黄門と呼ばれるようになった。しかし、本章では、徳川光圀で統一表記する。
　2）徳川光圀は、自らが強く影響を受けた『史記』に匹敵する日本の歴史書を制作しようと試みた。『大日本史』の編纂事業は、近世の文化事業のひとつの大きな流れを生み出す事となり、「水戸学」という水戸藩独自の学派へと発展していった。
　3）3歳で常陸下妻10万石に封じられ、7歳で水戸25万石に移る。幼年期は駿府及び江戸城に居住し、領地は父徳川家康に支配させていた。尚、1622（元和8）年、28万石に増封された。

第6章　徳川光圀の財政改革（水戸藩）　　　131

4）徳川御三家のひとつで、諸藩とは異なる格を保有する水戸藩では、藩主は江戸に
　　常駐（定府）するのが、初代からの慣例となっていた。
5）水戸藩では、藩主が国元に帰る事を、特別に就藩または就国と呼んでいた。
6）野口武彦『徳川光圀』朝日新聞社、1976年、132頁参照。

第2節　徳川光圀の生涯

　後に水戸藩主となった徳川光圀は、1628（寛永5）年6月10日、水戸城下
柵町の家臣三木之次（仁兵衛）と武佐夫妻の屋敷で生まれた。父は徳川頼房、
時に26歳であった。母はその側室の一人で名は久子、時に25歳である。光
圀は三男、女子を加えれば第7子で、頼房は、江戸幕府の初代将軍徳川家康
の末子の十一男であるから、光圀は家康の孫に当たる。幼名は長、長丸、千
代松とも呼ばれた[1]。藩主の子息である光圀が、水戸城内、もしくは江戸の
藩邸においてではなく、家臣の屋敷で生まれた理由は、久子が身ごもった時、
頼房が「故有て水になし申候様に」と三木夫妻に申し渡したにも拘わらず、
夫妻が主命に従わず、密かに久子を自邸に引き取って出産させたからである。
頼房が堕胎を命じた理由は、母久子が側室の間で勢力がなかったからである、
と推測される。
　徳川光圀は、5歳まで三木家の子として成長し、6歳の時、3代将軍徳川
家光の裁定によって、7、8人いた徳川頼房の子息の中から跡継ぎと決まり、
江戸に登るのであるが、実は、久子には頼房の子がもう一人いた。光圀より
6歳年上の徳川頼重がその子で、後に、讃岐高松12万石の初代藩主となる
人物である。頼重と光圀との間には、おかつ（佐々木氏）所生の4歳で早世
した亀丸がいた。頼房は、久子の兄に生涯正室は置かないからぜひに、と頼
んで、久子を側室に迎えたほど彼女を寵愛し、男子が誕生したならば、世継
ぎにするという念願を有していた。しかし、頼重に関しては、久子を幕府に
側室として正式に届け出る以前だったので、世継ぎにする事は困難であった。
そこで、次子の光圀に期待を寄せ、甥である将軍家光に内密に頼み込み、彼
の命令という形にして他の側室の嫉妬を躱わし、ようやく世継ぎにする事に

成功した。

　世継ぎとなった６歳の徳川光圀は江戸へのぼり、水戸藩上屋敷の小石川邸に入り、９歳で仮元服の式を挙げ、この時、将軍徳川家光から偏諱[2]を与えられて光国と名乗る。「光国」を正式に「光圀」に改めるのは、56歳からである。光国の諱は、『晋書』の陸雲列伝中の「聖徳龍興して、大国を光有す」の箇所に由来する。光圀は後年、この諱を重荷と感じるようになったのか、「国」の字を「圀」に変える事になったのである。

　江戸に登った徳川光圀は、家中の侍や侍女に囲まれて、特別な教育を受ける事になった。しかし、13歳頃から当時江戸で流行していた、「かぶき者」[3]のような格好で大道を闊歩し、また、非行的言動を繰り返して、両親や13歳からつけられた３人の補佐役を困惑させる。もっとも、父徳川頼房も壮年期までは衣服佩刀いずれも異形を好み、行儀もまたすこぶる節度を逸脱するものがあったので、親子に通った資質だったともいえよう。光圀がかぶき者気取りで不良的言動を繰り返したのは、侍女達に囲まれて、ことさら形式的な礼法を強いられる窮屈な生活への反抗といった面もあったであろう。しかし、自分の意志によってではなかったにせよ、模範的青年と見なされていた兄を差し置いて、世継ぎになってしまった事への自責の念、その兄への劣等感と対抗心の入り交じった複雑な心境、父の愛情を感ずれば感ずるほど増す心理的重圧といった多数の要素が重なり合っての言動であった、と思われる。

　1645（正保2）年、徳川光圀が18歳の時、突如として転機が訪れた。改心の動機は、この年、中国前漢の歴史家司馬遷の『史記』、その列伝冒頭の「伯夷・叔斉伝」を読み、深い感銘を受けたためとされる[4]。18歳が光圀にとって、人生の大きな転機となった事は、疑いもない事実であろう。これ以降、光圀は、当時の学問の主流であった儒教（儒学）と和歌を学ぶ事に専念した。しかし、自覚的に学問に励むようになったという事であって、かぶき者的性格は、光圀の中から終生、決して消える事はなかった。

　1654（承応3）年、27歳になった徳川光圀は、前関白近衛信尋の息女で、当時17歳であった泰姫と結婚した。父の信尋は後陽成天皇の皇子である。泰姫は２年後に尋子と名を改めている。夫婦の仲は睦まじく、尋子の作った

第6章　徳川光圀の財政改革（水戸藩）　　133

漢詩を光圀が添削しながら、その上達を励ます等して、平穏な日々が続いていた。ところが、1657（明暦3）年の大火で事態は一変した。大火は2日間燃え続け、江戸市街の6割を焼き尽くし、死者は10万人余りともいわれ[5]、上屋敷の小石川邸は全焼し、光圀夫妻は、駒込の藩邸内の焼け残った粗末な屋舎に避難生活を余儀なくされた。環境の変化も災いし、尋子は翌年に21歳の若さで逝去した。

　1661（寛文元）年7月29日、父の徳川頼房は悪性腫瘍を発病し、翌年、水戸城で帰らぬ人となった。享年51歳であった。葬儀は、徳川光圀の意志で儒教の礼式によって行われ、久慈郡瑞龍村の新しい墓に埋葬された。光圀は服喪期間を儒教に従い3年とし[6]、その間、光圀は水道敷設等の緊急の課題以外、前代の藩政を継承する態度を保持した。頼房の後を継いで、光圀が水戸藩の2代藩主となったのは、同じ年の8月19日の事であった。時に光圀、34歳である。この年から1690（元禄3）年に63歳で隠居するまで、30年間の藩主時代が続く事になるのだが、襲封の前日に、光圀が兄徳川頼重及び異母弟達を藩邸の父の神位の前に集めて宣言した事は、いかに、光圀個人にとっての懸案だったとはいえ、水戸家の面々には驚天動地の事柄であった。頼重の子徳川綱方（徳川綱条の兄）を養って世子に立てる。光圀は年来の意向を初めて公然と口にし、頼重にその承諾を迫ったのである。『義公行実』は、光圀が「台使（襲封を命じにくる幕府の使者——筆者）邸に至るとも、敢えて命を奉げず」と述べたと記している[7]。まさしく、光圀にとって背水の陣であったといえよう。

　1697（元禄10）年には、徳川光圀の生涯を掛けた『大日本史』の中心である「百王本紀」が完成し、次の作業である「列伝」の編集に全力が注がれた。だが、この時すでに光圀の身体は病魔に冒され始めていた。病気は胃癌であったと伝えられている[8]。71歳の光圀は那珂川に遊んで鮭を獲り、近臣達にそれを分け与えて喜ぶという元気さであったが、さしもの頑強な身体も不治の病には勝てなかった。光圀自身もその事を知り、死の近い事を覚悟していた。1700（元禄13）年10月12日、光圀はにわかに重体に陥った。12月2日、病状が悪化し、床に就いたままになった。そして、光圀の最期の時が

訪れたのである。強靱な意志と稀に見る高邁な思想の人物は、点鬼簿の人と
なったのである。享年73歳であった。

註

1) 鈴木暎一『徳川光圀』（人物叢書改装版）吉川弘文館、2006年、1頁。
2) 偏諱とは、天皇、将軍及び大名等が家臣等の功績を讃える時、あるいは、元服時
   にその名の一字を与える事をいう。
3)「かぶき者」とは、歌舞伎役者のように、派手で異様な風体の者を意味する。
4) 鈴木一夫『つくられた明君──光圀、義公そして水戸黄門──』（ニュートンプレ
   ス選書）ニュートンプレス、1998年、15～16頁。
5) 同上、19頁参照。
6)『論語』に、「子曰、父在観其志、父没観其行、三年無改於父之道、可謂孝矣」と
   ある。口語訳は「父のあるうちはその人物の志しを観察し、父の死後ではその人物
   の行為を観察する。（死んでから）三年の間、父のやり方を改めないのは、孝行だ
   といえる」と解釈されている（金谷治訳注『論語』岩波書店、2014年、28頁）。
7) 野口武彦、前掲書、124頁参照。
8) 笹原金次郎『徳川光圀──水戸黄門の生涯──』茨城企画、1982年、151頁。

第3節　徳川光圀以前の水戸藩の財政状況

　近世諸藩の財政史は、古くて新しい問題であるといってよい。近世におい
て、諸藩は間断なく財政赤字の問題に悩まされていた。藩政史のいつの時代
を取り上げても、必ずといってよいほど、財政難という問題がつきまとって
いたのである。

　近世の数多の諸藩の中において、水戸藩は、特に、財政難の甚だしい藩で
あったといえるであろう。その原因は定府制、近世経済の影響等、様々挙げ
る事ができるが、前述の如く、徳川御三家の格式に不相応な石高であった事
が主な原因であった。水戸藩の君臣は、常にこの事に頭を悩ませており、天
保の改革の際、徳川斉昭は幕府に増封運動を続けた。水戸藩の表高は、35
万石だが、実質は28万石に過ぎず、御三家の格式を保つためには40万石程
度の領分が必要である、と陳情し続けた。これは、元を正せば、28万石の

第 6 章　徳川光圀の財政改革（水戸藩）　　　135

表高が 3 代徳川綱条の 1701（元禄 14）年に 35 万石になっただけであり、領地そのものは少しも増えなかった実情を申し立てたのである。この 28 万石も初代徳川頼房の時代においては、25 万石であり、これに 3 万石の加増で 28 万石になったのは、1622（元和 8）年の事でしかない。

　水戸藩の財政赤字は、初代の徳川頼房の晩年から始まり、2 代の徳川光圀時代に顕著なものとなった。光圀が、1661（寛文元）年に家督を継いだ翌年には、京銀（京都の町人からの借財）を家中に貸与し、また、幕府からの拝借金も存在していた。更に、その後の 1677（延宝 5）年には、財政赤字は莫大なものとなり、家中一同より 償 金という名目の出金までさせている。その趣旨は、幕府から拝借金返納の厳しい催促があり、京都からの借財も年々増加していく一方で借替えもできず、やむなく家中に償金を割り当てる、というものであった。その割合は、地方知行 100 石につき金 2 両などであった。明君といわれた光圀の統治時代でも、この有り様であった。本節では、光圀時代前後の財政収入と財政支出の両面を考察する事にしよう。特に、1681（天和元）年の収入と支出を中心に論じる事とする。なぜならば、1681 年は、光圀が「償金令」を出した 1677（延宝 5）年から 4 年後であり、明君の世継ぎ後 20 年を経過し、彼の水戸藩統治の中核といえる頃だからである。まず、現在の財政学でいう「量入制出原則」に基づき、当時の財政収入の側面から分析する事にしよう。

　第一に、水戸藩の領地の表高は、前述の如く、初代徳川頼房の時代では、1609（慶長 14）年から 1621（元和 7）年まで 25 万石であったが、1622（元和 8）年に 3 万石加増され、28 万石となり、その後 2 代の徳川光圀の時代も表高は一切変わる事がなかった。35 万石になったのは、1701（元禄 14）年、3 代の徳川綱条の時である。ただし、この表高の増加は、領内で弟達に与えていた土地や新田分等を加えたもので、実質的に領分が増加した訳ではなかった。すなわち、単なる表高の水増しに過ぎなかったのである。これに対して、実質的な石高は、1641（寛永 18）年の検地前では 29 万 2000 石余りであったのが、36 万 9000 石余りに増加し、更に、その後の新田分を加えて、1681（天和元）年には 40 万 6321 石となった。全領の平均年貢率に関しては、本田分

は光圀時代の 1681 (天和元) 年に 3 割 8 分 6 厘、その他の年も 3 割台を上下
し、1833 (天保 4) 年は 2 割 4 分 2 厘であった。新田分は、1681 (天和元) 年
には、年 1 割 7 分 4 厘、享保時代には 2 割台の年もあるが、1833 (天保 4) 年
には、1 割 2 分 1 厘にまで低減した。光圀時代以前では、寛永検地後 4 割台
を上下して 5 割を超える年もあった。しかし、光圀時代の後では、宝永から
享保にかけて 4 割の年が多く見られる。この年貢の高低と蔵入分対給付との
比較だけで論じるならば、光圀時代は、その前後の時代とともに、他藩と比
較すれば、好条件に恵まれていたと考えられる。

　第二に、徳川光圀時代の財政収入は、4 本柱から構成されている。例えば、
当時、蔵入地 21 万 3000 石余り (本田新田とも) を基礎とすれば、田方正税籾
17 万 7652 俵 (米 3 万 7307 石)、御城米金納分 1 万 5692 両 (籾 4 万 7948 俵分)、
畑方正税 1 万 3627 両、雑税 4 口合計 1 万 6643 両であった。また、水戸藩の
初期の頃には、「郷中納米売付」が採用されていた。これは、年貢米の一部
を農民に売りつける形式を取りながら、実際には、その分だけ金納するもの
である。そして、蔵入地の収納を担当する代官達がその実務を行った。水戸
藩の民政は、「寛政の改革」まで、郡奉行 (郷村一般の行政を掌握) と代官 (蔵
入地の収納を掌握) によってなされていた。両者は複数人で構成されていたが、
1799 (寛政 11) 年に代官制を廃止し、その職務を郡奉行の所管と合併させた。
後の「御城米金納制度」は、この郷中納米売付制を整備したもので、1641
(寛永 18) 年では、売付籾 10 万 7790 俵、代金 7237 両 (全収納金の 25 %) で
あったが、1681 (天和元) 年には、売付の名目はなく、御城米金納の名目だ
けになっている。概して、光圀時代は善政といわれるが、これは、売付値段
(金納相場) を時相場より高く定めて、利益を図る等悪政の端緒となったとい
われている。

　第三に、畑方正税は、全て代方、代方金等といわれる代金納制であり、
1681 (天和元) 年では、1 万 3627 両であった。1641 (寛永 18) 年の代方金は、
1 万 9246 両、1729 (享保 14) 年では、2 万 7811 両である。その後大きく変わ
る事はなく、約 2 万両であった。代方金の決定は、1635 (寛永 12) 年までは
4 石につき金 1 両の割合であったが、1637 (寛永 14) 年から金 1 両 2 石 5 斗

代と定められて以来、その後、長く据え置かれた。穀物をはじめ諸色相場が高くなったにも拘わらず、2石5斗代が固定した事は、農民に有利な税体系であったが、水戸藩の財政上では極めて不利であり、改定が度々議論された。しかし、その実行は「天保の改革」を待たねばならなかった。

　第四に、雑税は、1万6643両であり、収入に占める割合が極めて大きい。この中で3つの雑石は、当時、悪税の最たるものと非難されていた。すなわち、「三雑石（穀）切返法」と呼ばれ、畑100石につき大豆5石、稗（ひえ）3石、荏（えごま）1）1石2斗の割合で秋の安い価格の時に買い上げ、春の高い価格の時に2割の附率を加え農民に売りつけ、その差額を収益する制度であった。農民搾取の悪法とされ、切返しの幅が次第に小さくなったが、廃止されたのは、1842（天保13）年である。1681（天和元）年の金額が5847両であったのに対して、1729（享保14）年には5185両、1811（文化8）年には6623両となり、その後も約5000両から6000両台を記録しており、水戸藩の財源としては、極めて重要なものであった。次に、舫夫金（ほうふ）は舫金と夫金の合計で、両者とも農民の夫役の代金納である。舫金は、舟のもやいによる賦課金で、江戸詰めの水戸藩士の使う人夫の代金を、江戸詰めの役のない他の藩士が共同負担として、各知行地から取り立て、上納したものである。最後に、諸浮役があるが、これは山野河海その他の諸産業の運上、酒役その他の製造業の運上、荷物輸送の荷口銭等の種々雑多なものであった。当時、合計3780両であり、享保以降は4000両台となった。

　第五に、諸役所納金として、種貸粎利米、地頭所務銭、切米切賃、増言駒金利（馬の競売の利息）、海老沢津役銭、真木払、御式台寄物（他家からの贈り物）及び古物諸色払等が、合計5420両あった。1729（享保14）年には、2157両に減っているが、1811（文化8）年に2万4290両となり、遂に1825（文政8）年には、4万5708両にまで激増した。これは、水戸藩の財政膨張により、幕府からの助成金や富豪の差上金等が加わったためである。

　当時の財政収入の合計は、粎17万7652俵（米3万7307石）、金5万9467両であるが、金の内訳に関しては、御城米金納分が26％を占め、これに前年度の残り分である5052両と江戸蔵米払分の2207両を加えれば、2万2951

両となり、全収入の 38 ％となっている。更に、代方金の 1 万 3627 両は
22 ％、田方畑方正税合計は 3 万 6578 両で、全収入の 60 ％となっていた。以
上のように、財政収入の詳細を分析すると、年貢米の直接売却が極めて少な
い事が理解できよう。特に、江戸蔵米と大豆合わせての代金 2207 両は、水
戸藩のような大藩として寡少である。これほど寡少であった主な要因は、御
城米金納と代方金の制度にあったといってよいであろう。逆にいうならば、
水戸藩が年貢米の収納と売却を通じて流通市場に直接参入する程度が少な
かった、と思量される。また、雑税と諸役所納分を合わせて約 2 万 2063 両
となり、全収入の中で、御城米金納分も代方金もこれに及ばなかった事も注
目されねばならない。

　次に、1681（天和元）年の財政支出を考察する事にしよう。簡単に述べると、
当時の支出は、水戸分と江戸分（各米金）及び水戸江戸の切米（金で支出）の
3 本立てであった。

　第一に、水戸分の現物支出は籾であり、合計は 14 万 904 俵である。最も
多いのは、御城米金納分の 4 万 7946 俵、次いで、扶持渡 3 万 9375 俵、給人
渡 2 万 6213 俵で、この合計 6 万 5588 俵が水戸藩国元の家中の扶持米及び蔵
前支給分となる。定府制のために、家中の江戸定詰めの者が多く、国元の支
給人数は比較的少ない。水戸分の支出金の合計は、1 万 74 両である。これ
に諸役所費を合計すると、7457 両、諸向を加えると 8995 両となる。

　第二に、江戸分の現物支出は米であり、合計は 2 万 8547 俵（籾で 5 万 9812
俵）である。その内訳は、扶持米 2 万 2788 俵、払米 3321 俵である。これは、
本章の冒頭部で記述した如く、定府制により江戸詰めの家臣が多いためと推
測される。扶持米だけを比較すると、国元の籾勘定 3 万 9375 俵を上回って
いる。御台所分米 2418 俵は、奥方と表方の両方を合計したものであるが、
江戸邸だけで、1 年間にこれだけの支出があった。江戸の支出金の合計は 2
万 5336 両で、水戸分の 2 倍を超えている。この理由は、諸役所経費[2] と贈
答費等が掛かっているためである。これらは、全て定府制に起因すると推考
される。

　第三に、1681（天和元）年における水戸と江戸両方の切米分の俸禄（金切米

と称して金換算支給）は、4万1671両と推測される。この水戸と江戸切米金は、元来、切米として現殻で支給するものを金で支給したので、支出面では最大の費目となった。更に、全支出合計7万7081両の中で半分以上の54％を占めた。それゆえ、水戸藩の財政赤字が大きくなるに従い、知行制度の変質、換言するならば、蔵前知行の増加及び地方知行の減少とともに、藩財政に多大な影響を与える事となっていったのである。

最後に、当時の水戸藩の財政収支を米（粏）金収支を差し引いた過不足を記述しておこう。粏では2万3064俵の不足、金では1万7614両の不足である。支出に対する不足分の割合は、粏11％、金22％となっている[3]。

以上、1681（天和元）年の財政収支の状況を分析すると同時に、その特徴を簡単に記述した。元禄初期の徳川光圀時代の水戸藩財政に関して、ある程度、理解できたであろう。水戸藩は、他の御三家と比較すると領地が少なく、明らかに江戸邸の消費支出が国元より多い。また、金の収支差引不足も顕著で、家臣への給金が他の費目を超えている。御三家の体面を保持するための儀礼的出費も加わり、財政難は体制的な矛盾を内包していたといえよう。光圀が領民に対して善政を行ったという裏側には、このような財政的困窮が内在していたのである。

註

1）荏とは、シソ科の1年草で、実から油を取る事ができる。
2）諸役所経費には、諸向254両が含まれる。合計すると1万8537両になる。
3）本節で使用した数値は、伊東多三郎氏が光圀時代の古帳「天和元年御高辻御収納元払」を詳細に研究した労作を参照した（伊東多三郎「水戸藩財政収支の検討　光圀時代」『日本歴史』第348号、吉川弘文館、1977年、1～14頁）。

第4節　徳川光圀の財政改革

近世の大名達は、地域によって差があるものの、早くから財政難に苦しんでいた。『土芥寇讎記』には、徳川光圀の領地について記述されているが、

原文は難解なので、現代語にして紹介する事にしよう。すなわち、「光圀卿の御居城は日立国水戸である。江戸から30里のところにある。領地石高は20万石。このうち4万石は弟の刑部大輔殿・播磨守殿に配分。新田開発や山海の諸運上等雑収入が他に10万石ほどある。年貢は平均52.3％である。家中の武士には大抵『土方知行』方式で知行地を支給しているが、新参者には知行100石当たり玄米40石を支給する。江戸詰の年には、特別手当ても支給している。藩士の過半数は100日交代で勤務している。江戸から近いので、江戸詰の旅費がかからず、江戸も水戸も、懐具合はいい。光圀は家来もみんな安心している。第一、家来が死んでもその知行地を減らさずに、そのままその子に与える。この点、将軍家のやり方に似ており、禄高の大きな家来も小さな家来も、みんな安堵している」[1]とある。しかし、徳川御三家のひとつである水戸藩も、決して、財政赤字の状況に関して例外ではなかったと推考される。様々な財政改革を駆使して、光圀は、財政困窮の難局を切り抜けようと懸命の努力を重ねていた。

　水戸藩は関ヶ原の戦い以後、徳川家康の意志により、新規に取り立てられた藩である。それゆえ、譜代の家臣は存在せず、初代徳川頼房の頃から逐次諸士を召し抱えて、家臣団を増強してきた。徳川光圀が襲封した寛文年間の「分限帳」[2]には、家老以下89種の職種に合計1067人の禄高が記載されている。更に、これに登録されていない雑役の者も扶持を受けており、彼らは1689（元禄2）年の記録によれば、2515人であった。前記の諸士を加えると約3600人となる。これに陪臣達を加えると、光圀の時代には、5000人ほどの家臣団になっていたと推定される[3]。この大量の家臣団を維持するのに、多額の財政的負担が必要であったのは、言を待たないであろう。

　しかも、寛文年間から延宝年間にかけては、藩内に大火災が頻発し、更に、修史事業等も重なり、財政の困窮は深刻の度を増していった。特に、延宝年間になっても天候不良が解消されず、1674（延宝2）年には不作、1676（延宝4）年には大旱魃が生じた。水戸藩は、こうした状況に対処すべく、幕府から拝借金を受け急場を凌いでいた。しかし、徳川光圀の6度目の就藩中の1677（延宝5）年に、幕府から強い返納要求があり、やむなく家臣に償金を命

じ、地方取[4] は 100 石につき 2 両、物成詰[5] は 100 石につき 1 両を醵出
させ、下級の切米及び扶持の者にも応分の負担を求めた。ただし、翌年には
資金繰りが成功し、幕府に返済できたので、家臣に醵出させた償金は返す事
ができた。水戸藩で年貢率が最も高かったのは、徳川頼房時代の後半から光
圀時代であった。1673（延宝元）年には、その割合は 48 ％にも達している[6]。
光圀も、終始、士民への年貢の軽減、拝借金の醵出及び貧困者への資金援助
等に配慮し、自身も食事を一汁三菜以下とし、衣服も粗末なものを常用して
率先倹約の努力をした。

　徳川光圀の財政改革は、『大日本史』の編纂という途轍もない計画と併行
して行われた。その遠大な計画が示すように、水戸藩の財政改革もまた遠大
なものであった、といってよいであろう。特に、現金収入となる殖産興業が
積極的に奨励された。例えば、他藩からの産物を領内に移入して、多角経営
を推進したり、長崎から緬羊や山羊等 10 数種を取り寄せて、農業の近代化
を図る等、その試みは桁外れなものであった[7]。

　その多角化に関しては、養蚕、煙草の栽培、漆、蠟燭の原材料となる櫨の
木、海草、人参、薬草及び楮等の栽培を奨励した。こうした種類の殖産興
業は、後にどの藩でも手掛けるようになったが、水戸藩はその先駆けといえ
た。徳川光圀は社寺改革も断行し、由緒正しい古寺及び神社を復興して、水
戸藩の民風一新と経費節約を行い、次に着手したのが藩の殖産興業であった。
明君と呼ばれる藩主が例外なくそうであるように、光圀もまたいち早く水戸
藩の財政再建を心掛けた。前述の如く、水戸藩の財政は、その格式からいっ
て、決して余裕のある状態ではなかった。海岸線が長く、魚介類には恵まれ
ていたが、常陸の国の地形及び風土は、必ずしも、産業に適したものではな
かったのである。

　水戸藩の殖産は、まず農業の振興にあった。藩内の各地に溜池を作り、溝
を掘って灌漑を充実させている。徳川光圀の 11 回に渡る就藩の理由は、殖
産興業の陣頭指揮にあったといっても過言ではないであろう。しかし、光圀
は就藩の期間だけ、藩の財政状況に配慮していた訳ではなかった。江戸の藩
邸にあっても、常に領国の財政状況に腐心していた。江戸の藩邸、すなわち、

小石川の後楽園の中に田畑を作り、男女を問わず側近の者を農耕に当たらせたり、自ら機を織る等して、侍臣及び下僕達が木綿を織る事も推奨した。

徳川光圀の産業育成は、広範囲に渡っていた事も大きな特徴であった。元来、水戸藩内にないもので他藩から移入したものは、草木約70種、禽獣約35種から、虫類まで約11種も存在した[8]。海産物に関しても、常陸の湖海にはない昆布を北海道の松前から取り寄せ、更に、蛤も江戸のものを移植して名物「水戸蛤」を作った。また、製紙及び製薬にも着目して、各種の草木を移植したが、その中でも千波湖の堤に梅を植えた事は、風致と実用を兼ねた光圀の発想であった[9]。

また、特筆すべき政策のひとつに、専売制の採用があった[10]。専売制は各藩によって多少の違いはあるが、主として農民が生産する一定の特産物を、藩が強制的に買い上げ、その販売を独占する政策である。1688（元禄元）年、光圀は画期的な紙の専売制を開始した。江戸時代前期、紙は貴重品のひとつであった。彼は和紙の原料となる楮を那珂及び久慈両郡の村々に植林させ、製紙業を盛んにした結果、紙が水戸領の特産とまでなった[11]。

水戸藩の民生家で学者である坂場流謙が記述した『国用秘録』によれば、1790（寛政2）年、水戸藩内の産物で、江戸その他の地方へ売却された総額9万9000両余りのうち、楮紙が2万7200両余りで、全体の28％を占めている事が理解できる[12]。この楮紙のうち、水戸領中の名産として、最も有名だったのは、現在の常陸大宮市那珂郡山方町西野内を原産地とする「西の内紙」である。紙が水戸藩第一の産物となったのは、徳川光圀の奨励策によるものといってよいであろう。光圀が紙を中心とした専売制を採用した理由は、水戸藩の単なる利欲のためではなく、農民救済のためであった。当時、紙漉き農家の中には、江戸や水戸の紙問屋等から多くの借金をして、その返済に困っていた者が多かった。水戸藩は、そうした農家を調査し、農民の代わりに藩が返済する方法として、以後作られた紙で借金を支払わせた。更に、農民からの強制買上価格は、それまで農民が、直接仲買人や問屋に売却していた時より、幾分でも高価であったのは言を待たない。その結果、水戸藩も財政的に豊かになり、農民も商人からの借金より解放され、農村も繁栄する事

第 6 章　徳川光圀の財政改革（水戸藩）　　143

ができたのである¹³⁾。

　士農工商の厳重な身分制度の下で、農民は工商民の上に位置づけられていたが、一般農民の生活は、町人等よりはるかに貧しく、苦しかったといってよい。なぜならば、年貢といわれた重い正税の他に、種々の雑税が存在したからである。1683（天和 3）年、徳川光圀は、藍瓶、紙舟、鮭、鮎、鱒及び柿渋等に課していた雑税のひとつである浮役を廃止した。この英断は、後世の語り草となっている。前述の紙に関しては、それを漉く水槽の数に応じて徴集した。その結果、紙舟役が無用となり、紙漉き農民にとって、実質的には減税となった。一方、水戸藩にとっては、和紙増産という見返りが得られたのである。

　更に、1686（貞享 3）年、1000 石積みの大船「快風丸」¹⁴⁾を建造して、蝦夷地へ乗り出し、交易を盛んにしようと試みたのは、徳川光圀の野心の大きさを物語るものであった。しかし、那珂港を発進した快風丸は仙台沖で暴風雨に遭遇し、そのまま行方不明となってしまった。だが、光圀はそれでも諦めず、再び大船を建造して蝦夷地に向かわせたのである。残念ながら、当時は大船の建造は禁止されており、外洋へ乗り出す事は、鎖国政策に触れる事でもあったので、この計画は途中で挫折した。これがもし成功していたならば、蝦夷地の開拓は、より早い時代に始められているはずであった。

　還暦を越えた徳川光圀は、「小検見の法」を実施した。当時、年貢を徴収するには、まず、稲の出来の良し悪しを調べる事から始まった。この稲の良否を検査するのが、「検見」と呼ばれていた。この方法には、大検見の法と小検見の法という 2 つの法が存在した。大検見の法は、代官や郡奉行のような役人の幹部が手代を多く引き連れて村々を回って、検査するものであった。しかし、この大検見の法では接待費や宿泊代が多額となり、それだけ農民の負担が大きくなる。更に、農民側が税率を下げてもらおうと、役人に対する過剰接待も生じやすく、賄賂の機会も多くなった。そこで、水戸藩としては、光圀の晩年になって初めて、小検見の法を採用する事になったのである。小検見の法は、郡奉行配下の手代が検査に立ち会い、近くの村々の庄屋等の役人が、互いに責任を持って検査を担当するというものであった。

徳川光圀の就藩の特徴は、必ずその都度、非常に重要な藩政上の事業を伴っていた点にある。例えば、1663（寛文3）年、笠原水道を開通させ、水戸城下の給水問題を解決した。1677（延宝5）年、幕府拝借金返納のために、家士に償金を命じている。1682（天和2）年、領内の農民に漆の栽培及び養蚕を勧め、更に、鮭漁に租税を課したりしている。1683（天和3）年、藍瓶、紙舟、鮭、鮎、鱒及び柿渋等の租税を免ずる。1687（貞享4）年、質土を取る者がその所有者から年貢を出させる事、また、田畑の永代売買を禁じる等が挙げられる[15]。

　徳川光圀は、一着の頭巾を40年間に渡り使用したり、自分の居間の天井や壁に反故紙を貼って経費削減の努力をしたという。この事からも、光圀がいかに奢侈を避け、倹約を重視していたかは明白であろう。家臣への条令においても、武具や馬具及び器物一切について、節約及び倹約に関して詳細に記述している。例えば、1668（寛文8）年には、衣服について、家士や領民に命令を出し、使用の品種を限定した。すなわち、足軽以下は木綿の他の着用を禁止し、領民に対しては、男女とも紫や紅の染料を使ったものは着てはならない、としている。衣類のみならず、食及び住に対する奢侈への戒めも徹底し、水戸藩の経済体質の強化に努めている。

　しかしながら、徳川光圀の数々の財政施策にも拘わらず、諸藩を襲った経済変動の波から水戸藩も逃れる事ができず、藩内の士民の生活は次第に窮乏化し、財政状況も悪化の一途をたどった。光圀5回目の就藩の1673（延宝元）年に「節倹令」や「備蓄令」が公布されたが、光圀時代の後半に、領民の困窮と財政収入の不足の傾向は、より深刻なものとなっていった[16]。

　後に、西山に隠居してからの徳川光圀は、領内を足繁く巡り歩いたが、この巡視は、彼が藩主であった時代から始められた事であり、領内をつぶさに回った上で、様々な政策を打ち出したのである。前述の殖産興業の奨励策もその例である。更に、飢饉に備える稗倉の設置等も、領民の困窮に配慮したものであったといえよう。

　徳川光圀が採用した政策の中でも、「仁政」として知られているのは、1683（天和3）年の「雑税免除」の布告であった。更に、高利貸付けの禁止、

第6章　徳川光圀の財政改革（水戸藩）　　　145

藩役人の綱紀粛清等が挙げられる。

　以上、簡単に記述してきたが、彼は数多くの施策を講じて、水戸藩の財政改革を実施してきたといえよう。光圀は、一貫して「倹約を第一の徳」とする理念を保有していた。しかし、必要不可欠な費用は惜しむ事なく使うという考え方も保有していた、と考えられる。その第一は、水戸藩の財政収入の4分の1以上に相当する『大日本史』の編纂事業であった。第二は、蝦夷に航行させるために行った大船の製造が挙げられる。この大船の製造は、いうまでもなく、殖産興業に尽力した光圀が、蝦夷地との貿易を始めようとした意図を有していたからである[17]。

註

1）磯田道史「殿様の通信簿」『小説トリッパー』2003年冬季号、朝日新聞社、2003年、306～307頁参照。
2）「分限帳」とは、大名の家臣の氏名、地位及び役職を記した名簿の事をいう。
3）鈴木暎一、前掲書、26頁。
4）地方取は、知行取とも呼ばれ、徳川光圀から土地を与えられ、そこから上がる年貢を俸禄として受け取る権利を持つ家臣をいう。ただし、形骸化しており、実質的には次註の物成詰と変わらない状態であった。
5）物成とは、年貢の事を意味する。物成詰は、知行地の石高の年貢相当分の現米を藩から支給される家臣達である。
6）鈴木暎一、前掲書、42～43頁参照。
7）萩原裕雄『地方再生は江戸に学べ——藩政改革を成功に導いたスペシャリストたち——』三空出版、2015年、位置No.895。
8）笹原金次郎、前掲書、80頁参照。
9）幕末、徳川斉昭が開いた水戸の偕楽園は、日本三名園のひとつであるとともに、梅の名所として現在に至っているのは、周知の事であるが、源流は徳川光圀の発想にある。
10）専売制の採用は、早くは仙台藩の米及び塩、会津藩の蝋、長州藩の紙等が有名であったが、専売品を密売した時の処罰の厳しさでは、薩摩藩の砂糖が顕著であった。
11）戦前の研究で、水戸藩では寛政年間、奥久慈大子（だいご）地方の蒟蒻が粉にされ、専売制と類似の方策で、大坂や九州方面にまで売却されていた事は分かっていたが、それ以外は全くないものと思われていた。
12）瀬谷義彦『水戸の光圀　新装版』茨城新聞社、2000年、200頁参照。
13）しかし、この紙の専売制は、徳川光圀没後、なぜか3代徳川綱条の時代に中止された。以後、復活の動きもあったが実現される事はなかった。水戸藩の和紙の専売

制に関しては、同上、200〜203頁が詳細である。

14) 快風丸の大きさは、長さ27間、幅9間、帆柱の高さ17間及び櫓60梃という巨大なものであった。

15) 野口武彦、前掲書、134頁参照。

16) 勿論、こうした状況は水戸藩だけのものではなく、各藩に共通した問題であった。その中で、次々と財政改革策を実践した徳川光圀の指導力は秀逸なものであり、近世における事蹟として顕著であったといえよう。

17) 当時、諸藩の中で北方に目を向けた藩は、皆無に等しかった。大船による蝦夷との貿易の実績は、顕著なものではなかったが、蝦夷の内陸を視察した事は、紛れもなく、殖産や交易を重視した徳川光圀の功績の一部であった。光圀の蝦夷地との貿易に関しては、高野澄『実説　水戸黄門』毎日新聞社、1995年、74〜78頁が詳細である。

第5節　むすびにかえて

　上述の如く、水戸藩においては、徳川光圀の時代に多くの財政改革策が試みられた。しかし、水戸藩の財政状況は、時代を下るにつれて深刻なものとなった。そして、光圀以来、国産物振興、専売、藩札発行、銭貨鋳造、江戸水戸間の流通事情の改善、大坂と江戸の商人の御屋形出入、領内の豪商との提携等、様々な施策が試みられたにも拘わらず、結局、天保の改革の時でも、徳川斉昭は幕府から莫大な助成金を得て、当面の財政窮乏を凌ぐしかなかったのである。

　徳川光圀が鬼籍の人となった1700（元禄13）年、3代徳川綱条は、藩内富民からの御用金取立を始め、それは総額1万633両、人数にして153人に及んだ[1]。次の宝永年間（1704年〜1710年）以降、それは恒常化していく。一方、1706（宝永3）年には、財政再建を図るべく「宝永の新法」に着手し、年貢の増徴及び新税の取立、藩札の発行、商業統制の部分的廃止、殖産興業、冗費の節減、新田の開発、運河の開削といった財政改革を次々に実施したものの成果が出ず、深刻な打撃を被った農民は、藩内一円を巻き込む大一揆さえ引き起こした。光圀の死後、8年しか経過していなかった。また、元来、苦しい水戸藩の財政の中、多額の出費を重ね、40年以上に渡って「本朝の史記」

第6章　徳川光圀の財政改革（水戸藩）　　　147

編纂をはじめとする多方面の文化事業も展開してきた。藩財政を苦境と混乱
に陥れた責任から、綱条が逃れる事は困難であろう。

　しかし、徳川光圀は、藩主の座を退いた時に、自ら藩士達に語った諭告の
中で、財政逼迫のために、家臣達の窮状を解消する事ができなかった事情を
詫びた。この事からも理解できるように、光圀は、水戸藩が抱えていた財政
赤字の問題を十分に承知した上で、その卓越した指導力により藩内を抑え、
何とか財政破綻を惹起せずに藩政を運営する事ができた、と思惟される。

　註
　1) 鈴木暎一、前掲書、289 頁。

徳川光圀関係略年表

1628（寛永5）年　水戸藩初代藩主徳川頼房の三男として、水戸城南崖下柵町の三木之次
　　　　　　　　　の屋敷に生まれる。
1633（寛永10）年　江戸藩邸に入り、世子に決定する。
1636（寛永13）年　江戸城中で元服し、光国と名乗る。
1641（寛永18）年　全領検地を開始する。大飢饉が発生する。
1654（承応3）年　泰姫と結婚する。
1657（明暦3）年　明暦の大火により小石川邸を焼失する。駒込の下屋敷に史局を開設し、
　　　　　　　　　『大日本史』の編纂を開始する。
1661（寛文元）年　家督を相続し、水戸藩28万石の2代藩主となる。
1662（寛文2）年　倹約令を出す。家中法度23カ条を定める。笠原水道の工事を命じる。
1663（寛文3）年　初めて就藩する。水戸領内を巡視し、開基帳の作成を命じる。
1665（寛文5）年　大規模な社寺改革及び財政改革を開始する。
1668（寛文8）年　藩士の石高に応じ、貸粮を行う。
1670（寛文10）年　水戸藩内で洪水が発生し、8万石余りを損耗する。
1674（延宝2）年　風水害で凶作となる。
1676（延宝4）年　凶作が続き、倹約令を発する。
1683（天和3）年　光国を光圀と改める。農民の負担軽減のため浮役（雑税のひとつ）を
　　　　　　　　　廃止する。
1685（貞享2）年　大船快風丸を蝦夷地へ派遣する。
1687（貞享4）年　快風丸第2回目の蝦夷地探検を行う。

1688（元禄元）年　快風丸第3回目の蝦夷地探検を行う。高金利を取り締まり、貸付利息
　　　　　　　　　を1割以下にする事を命じる。紙の専売を始める。
1689（元禄2）年　年貢率を農民が自主的に決めるように命じる。
1690（元禄3）年　西山の谷間を隠居の地と定める。徳川綱吉の意志により藩主を辞任し、
　　　　　　　　　権中納言を贈られる。徳川綱条が3代藩主になる。
1700（元禄13）年　西山の山荘で鬼籍の人となり、義公と称せられる。
1706（宝永3）年　水戸藩で宝永の新法が始まる。
1727（享保12）年　荻生徂徠が『政談』で光圀の特産物奨励事業を高く評価する。
1869（明治2）年　従一位を追贈される。
1906（明治39）年　『大日本史』完成する。
（出所：鈴木暎一『徳川光圀』（人物叢書改装版）吉川弘文館、2006年、302～311頁及び
鈴木一夫『つくられた明君――光圀、義公そして水戸黄門――』（ニュートンプレス選書）
ニュートンプレス、1998年、241～247頁より作成）

第7章

徳川吉宗の財政改革（和歌山藩）
——紀州の麒麟と呼ばれた明君——

第1節　はじめに

　江戸時代は265年間続いたが、その間に、幕府による3つの大きな財政改革が存在した。最初の大規模な財政改革は「享保の改革」であり、第二の改革は「寛政の改革」、第三番目が幕末間際の「天保の改革」である[1]。そして、諸藩においても、絶え間なく財政改革が試みられた。2つ目以降の財政改革は、勿論の事、諸藩の財政改革でも「財政改革の鑑」や「後世財政改革の規範」とされたのが、享保の改革である。それでは、享保の改革とは、誰がどんな内容を行ったのであろうか。

　享保の改革の推進者は、8代将軍徳川吉宗である。紀州和歌山藩主であった吉宗は、徳川本家に相続人が途絶えたので、和歌山城から江戸城に入って、将軍になった人物である[2]。国立国会図書館所蔵の書誌一覧（和図書）で吉宗を検索すると、137件が対象として登録されている[3]。また、江戸幕府の実録とされる『徳川実紀』には、一代ごとに歴代将軍の言行と逸話を集めて、巻末に載せてあるが、吉宗に関する逸話は20巻に及び、徳川家康の25巻に次いで、多くの資料が収録されている。吉宗に次ぐものは、徳川家光の6巻、徳川秀忠の5巻であり、家康と吉宗の逸話の数は、断然、群を抜いている[4]。これほど多く逸話が伝えられているという事は、吉宗が歴代将軍の中で、いかに重視されていたかを示すものといえよう。恐らく、歴代の徳川将軍の中で、彼が最も国民に名前をよく知られた将軍の一人と考えられる。

　徳川吉宗が将軍となった頃、幕府の財政状況は、完全に行き詰まっていたといってよいであろう。御用人が老中を超える権力を掌握し、将軍の権威は

失墜していた。貨幣経済の発達により、支出は増える一方、新田開発は限界に達しており、年貢の増加は見込めなかった。更に、先代までの寺社の造営や大奥の華美及び多数の旗本の登用等の散財により、幕府の財政は破綻していた、といってよい状況にあった。吉宗による享保の改革は、約30年の長期に渡って継続され、傾いていた幕府の財政状況は一応の好転を見た。享保の改革によって、幕府の石高は10％も増え、年貢収入も20％増加したといわれる[5]。このため、吉宗は「幕府中興の英主」と讃えられた。

　徳川吉宗が享保の改革を、一応、成功裏に終える事ができたのは、彼が紀州徳川家という庶流の出身であった事、そして紀州和歌山藩主として、実務経験を保有していた事等が挙げられよう。吉宗の享保の改革は、原則的に、和歌山藩時代の改革を基礎とし、それを量的質的に拡充したものといってよいであろう。幕府の享保の改革を研究した文献は、枚挙にいとまがない。しかし、和歌山藩時代の吉宗の財政改革を詳細に論じた著作は、皆無に近いと思惟する。

　本章の目的は、享保の改革の基礎となった和歌山藩時代の徳川吉宗の財政改革を分析研究し、後世の財政改革への若干の貢献を試みる事にある。

註

1) 江戸時代の3つの財政改革に関しては、藤田覚『近世の三大改革』（日本史リブレット48）山川出版社、2011年が極めて詳細である。

2) 7代将軍の徳川家継の後継者となる権利は、主として尾張、紀州、水戸の御三家に存在した。御三家筆頭の尾張藩主の徳川継友や水戸藩主の徳川綱条を差し置いて、徳川吉宗が将軍職を継承できた経緯に関しては、童門冬二『徳川吉宗』日本経済新聞社、1993年、9～12頁を参照されたい。

3) 小谷正「徳川吉宗にまつわる風聞の考察──紀州時代の吉宗について──」『和歌山県立文書館紀要』第8巻、和歌山県立文書館、2003年、1頁参照。

4) 辻達也『徳川吉宗』吉川弘文館、1958年、1頁参照。

5) 河合敦『江戸の決断──武士たちは、どう諸藩を立て直したのか──』講談社、2006年、29頁参照。

第2節　徳川吉宗の生涯

　紀州藩5代藩主の徳川吉宗は、1684（貞享元）年、2代藩主徳川光貞の四男として誕生した。すなわち、元をたどれば、吉宗は徳川家康の曾孫という事になる。次男の次郎吉が早世しているため、「三男坊」として扱われる事が多かったとされている。また、幼名を源六という [1]。次いで新之助、頼方と名乗った。

　徳川頼方の出生に関しては、生母である徳川光貞の側室於由利の方の出自とともに、諸説が存在しているといってよいであろう [2]。例えば、『南紀徳川史』には、「御実母巨勢氏女於由利之方」として、中村元麿筆記を引用し「おゆりハ其實巨勢氏六左衛門利清ノ女ニアラス是ハ養父ニテ其生父ハ近江浅井浪人ノ後ニシテ彦根外船町ニ居住シ醫業ヲ業トシタル某……」 [3] と書かれている。更に、吉宗に縁のある大立寺の和尚筋原英忍の伝えるところとして、以下のように記述されている。すなわち、「當山十三代在譽白雲和尚ノ時西京ノ仁ニテ巨勢何某トカ西国巡禮ノ姿ニテ男女ノ子連レ母子三人御国へ參リタルニ母親不図モ罹リ立寄ルベキ知邊モナク母ノ病苦ニ聊雨露ヲ凌ント當山門ノ蔭ニ打臥シ……彼ノ巡禮ノ娘ヲ世話スル者アリテ召仕候ニ甚實貞ニテ深ク氣ニ叶ヒ……仰付御湯殿掛リトナリタリ或時　公御入浴ノ時御戯レニ御風呂ノ湯ヲ御掌ニ掬レ彼女へカケサセ賜へハ……御取立相成リ御手モカヽリ御種ヤドリ奉ルト云フ」 [4] と。前述の当時の記録や史書の類は、出自の問題を隠そうとも、飾ろうともしていないのである。かえって、出自の卑しさが、肯定的に受け止められているような印象すら禁じ得ない。この生母於由利の方の出自に関する資料の不明確さが、「不遇の幼年期」を推考させるため、後になって、頼方を立志伝中の幸運児として際立たせるのに好都合であったのかも知れない。

　1697（元禄10）年、徳川頼方は越前丹生郡葛野3万石を、時の将軍徳川綱吉から与えられ、分家大名に取り立てられた。この時、兄の徳川頼職は越前丹生郡高森3万石を与えられたのであるが、この際にも頼方の「不遇の幼年

期」が示されている。三浦為隆の「覚書」には、次のように記述されている。すなわち、「次内蔵頭・主税頭・豊後守一人宛被召出、御盃御肴御道具可被下之　次第同前　但豊後守ハ敷居之外ニ而頂戴、畢而御銚子入、御土器御三方引之、其後一同出座、御礼退去」5）と。この文章によると、「拝領の品々と内蔵頭様・主税頭様への新知3万石宛て下さる旨、御前（将軍——筆者）において仰せ出だされあり」と述べられており、頼方は兄と比較して低く扱われた形跡はなく、極めて順当と思われる。「但し豊後守は敷居の外にて頂戴」と書かれている事から一格低い扱いであったと推考される。しかし、この記述には異論も存在する。例えば、1697（元禄10）年、頼方は従四位の少将に任じられている。この官位は、諸大名の中でも越前・松江の松平、細川・池田等国持の大藩主にのみ許される官位である。彼が、僅か13歳でこれを許されたのは、庶子とはいえ、やはり御三家に生まれたその血統によると思われる6）。

　理由はどうあれ、徳川頼方は、生母の身分が低かったため、重臣加納久通の下で養育された。子供の頃は、その粗野な性格によって多くの家臣達に迷惑を掛けたが、若年期を過ぎると、身体頑強となり6尺もの偉丈夫に育ったという。19歳の時、お抱え力士と相撲を取っても負ける事がなくなった、と伝えられている7）。

　徳川頼方には、その他にもいくつかの逸話が残されている。そのひとつが次のようなものであった。すなわち、

　　彼がまだ源六と云つてゐた幼年時代の事である。ある日父の光貞は、三人の愛児を膝下に集め、秘蔵の刀の鐔を納めた匣を取り出して、「この中のどれでも好きな品を與へるから、選び取るがよい。」といふのだつた。兄たちは大喜びで「これがよい」「あれが欲しい」と燥ぎ騒いだ。だが、源六は後方に控へたまま、選ばうとしない。不思議に思つて、その譯を聞くと、「兄上たちが選取つた後の鐔を、匣ごと戴かうと待つてゐるのです。」と答へたので、父もその氣宇の濶達なのを非常に喜んで、望み通り匣ごと與へたと云ふ。栴檀は双葉にして、すでに香りを放つて

ゐたのである。彼は十三歳の時、名を頼方と改め、その翌元禄十年に、越前丹生郡を與へられて鯖江の城主となり、三萬石の小大名となつた。ところが領内が貧弱で、収入が豊かでなかつた為に、頼方は大名らしい生活も營まず、萬事足らず勝ちの質素倹約に身を持した。大名の家庭に生まれながら、困苦缺乏に堪へ、世の中の事情にもよく通暁する様になつたこの境地は、後年の「名君徳川吉宗」を生む大きな契機となつたのである[8]と。

　徳川頼方には2人の兄がいたため、彼は、紀伊藩主になれるはずもないと考えていた。また、彼自身もそれを望んではいなかった。ところが、丹生藩主となった8年後の1705（宝永2）年、思いがけない事が次々に生じた。すなわち、3代藩主となっていた長兄の徳川綱教が41歳の若さで病死した。そして、綱教に子供がいなかったため、次兄の徳川頼職が4代藩主に就任した。次いで、父徳川光貞が80歳で泉下の人となってしまった。悪い事は重なるもので、江戸にいた頼職は、父の危篤の報を聞き帰国したが、道中の疲労により病に倒れ、事もあろうに、和歌山城で鬼籍の人となってしまった。享年、僅か26歳という若さであったという。

　和歌山藩は、この年、僅か4カ月の間に葬儀を出すという不運に見舞われ、家臣達は落胆の色を隠す事ができなかった。後に残されたのは、徳川頼方だけであったので、22歳で紀伊藩の5代藩主となった。更に、将軍徳川綱吉から「吉」の字を賜わり、徳川吉宗と改めたのである。翌年の1706（宝永3）年、吉宗は伏見宮貞致親王の三女真宮理子を正室として迎えた。官位も参議、権中納言へと昇進していく。吉宗はこれより約10年間紀州藩主として藩政を担当する事となった。吉宗の前途は、大きく開けたとはいえ、藩の財政状況を改善するという困難な課題が残されたのである。彼は、財政改革や農政改革をはじめとして、庶政刷新の方向を打ち出すのであるが、その諸政策は、後の幕府における享保の改革の先駆をなすものであった。

　尚、本章においては、徳川吉宗の和歌山藩時代を中心に考察を試みている。それゆえ、彼の生涯に関しては、最低限度に留め略述した。吉宗は、和歌山

藩の財政改革を成功させた後、徳川幕府の8代将軍にまで登りつめ、享保の
改革をも実施したが、1751（宝暦元）年、中風に尿毒症を併発して、薨去した。
享年68歳であった。

註
1) 余談だが、和歌山藩の初代藩主の徳川頼宣（よりのぶ）の幼名は長福丸、2代藩
　主の徳川光貞も長福丸で、光貞の嫡男で3代藩主の徳川綱教は長光丸（長福丸）、
　光貞の三男で4代藩主の徳川頼職（よりもと）は長七といい、いずれも「長」の一
　字を冠している。
2) 徳川吉宗の母である於由利の方の出自の諸説に関しては、森井淳『南海の竜〈増
　補〉紀州の徳川吉宗（第一部）』宇治書店、1992年、12～13頁及び津本陽『南海
　の竜　若き吉宗』中央公論社、1995年、331頁が詳細である。
3) 小谷正、前掲論文、3頁。
4) 堀内信編『南紀徳川史　第1冊』（復刻版）清文堂出版社、1989年、512～513頁。
　尚、詳細なる現代語訳は、津本陽、前掲書、13～14頁を参照されたい。
5) 堀内信、同上、513頁。
6) 辻達也、前掲書、3頁参照。
7) 中江克己「江戸の構造改革・リーダーたちの知恵（17）驚異的な成果を出した徳
　川吉宗〈和歌山藩〉」『公評』第40巻第8号、公評社、2003年、107頁参照。
8) 日本英雄傳編纂所編『日本英雄傳　第7巻』日本英雄傳編纂所、1936年、116～
　117頁。この逸話の詳細に関しては、津本陽、前掲書、21～22頁も参照されたい。

第3節　徳川吉宗以前の和歌山藩の財政状況

　1619（元和5）年、すでに豊臣氏を全滅させていた2代将軍徳川秀忠は、弟
の徳川頼宣を紀州に入国させた。紀州を要害の地として重視した秀忠は、付
家老として安藤帯刀と水野重仲を遣わせた。付家老とは、徳川御三家及び御
三卿にのみ許される要職である。徳川吉宗が和歌山藩主に就任したのは、
1705（宝永2）年10月の事だが、和歌山藩の財政難は、それ以前、すでに初
代頼宣の頃から始まっていた、といってよいであろう。その意味で、本節で
は、頼宣まで逆上って記述しておかなければならない。
　徳川頼宣は、1602（慶長7）年から1671（寛文11）年に、財政改革を試みて

第7章　徳川吉宗の財政改革（和歌山藩）　　155

いる。つまり、近世諸藩の財政改革の嚆矢をなした人物である[1]。頼宣は徳川家康の十男で、家康から寵愛を受けていた。1619（元和5）年、頼宣が18歳の時、将軍徳川秀忠は、そんな彼に配慮して、伊勢5万石を加えた紀伊伊勢55万5000石を与えた。付家老の安藤帯刀には4万石、水野重仲には3万5000石を支配させ、彼らは「万石の家老」と呼ばれた[2]。更に、伊勢の田丸城には、久野宗成を置き、松坂城には城代を置いて治めさせた。そうした配慮の理由は、幕府の支配を安定させるためには、政治の中心である江戸と、経済の先進地の大坂を結ぶ幹線航路を押さえる必要があったからである。そのため、航路の喉元である紀伊半島に、最も信頼できる大名を配置しなければならなかった。そこで秀忠は、弟である頼宣を駿府から和歌山に移す事を決定したのである。

　その意味において、徳川頼宣は、紀伊徳川家を創設した人物であるといってよいであろう。藩祖となった頼宣は、和歌山藩政に全力を注いだ。家臣には武道を奨励する一方、地侍を地士として家臣に組み入れた。そして、天下の浪人を多く召し抱えたり、家臣の次男や三男の中で将来性のある者には、新しく家を興させた。その結果、家臣団が膨大な数となり、紀州藩の財政負担は増加する一方であった。更に、頼宣は和歌山城を修復すると同時に、和歌山の町を拡張して、城下町を整備した。彼は、特に庶民の統制を重視し、年貢や税についての法令をも発布している[3]。加えて、「御家御条目」を定め、「兵具のほかは無用の道具を好んだり、奢侈にふけったりせず、すべて倹約を旨とすること」[4]と、家中に質素倹約を求めた。しかし、そうした努力にも拘わらず、人件費は膨大な額に達していた。

　やがて、徳川頼宣は財政改革策を転換し、父が死去して、子が相続する時には減俸する等、家臣の相続を厳格にした。また、僅かな過失でも家禄を削減する等、支出を制限しようと試みたが、一向に財政状況は好転しなかった。むしろ、和歌山藩は、窮乏の一途をたどったのである。膨大な家臣への俸禄、参勤交代等の幕府関係の出費が嵩み、徳川家康の遺金40万両も使い果たしてしまった[5]。「南龍院」とまで呼ばれた頼宣は、紀州藩の基礎を固めながらも、財政窮乏に苦しんだのである。

その後、2代徳川光貞が父徳川頼宣の藩政を引き継いだ。しかし、彼は藩政に関わる事が少なく、藩の家老に任せた統治を行い、江戸での財政支出を制限しようとはしなかった。確かに、家臣と庶民の統制は強化されたが、財政窮乏は、更に深まる結果となったのである。後継者となった3代徳川綱教は、将軍家との付き合いにも、大金を支出した。1685（貞享2）年、5代将軍徳川綱吉の娘鶴姫を正室に迎えたが、この時に、贅を尽くした御殿を建てた他、婚儀にも莫大な費用を掛けた。また、綱吉が1697（元禄10）年と1701（元禄14）年に2度も紀伊藩中屋敷を訪れたが、その度に屋敷を新築したり、新しい調度品を用意しなければならなかった[6]。兄の4代徳川頼職は凡庸でしかなかった。この2人は短期間の藩主でしかなく、1705（宝永2）年、相次いで卒死した。

　多少前置きが長くなり過ぎたが、徳川吉宗に話を移す事にしよう。前述の如く、吉宗が5代藩主に就任した1705（宝永2）年には、2代藩主徳川光貞、3代藩主徳川綱教、4代藩主徳川頼職が鬼籍の人となり、徳川御三家の格式で盛大な葬儀を行ったため、膨大な出費を余儀なくされる事となった。

　過去の火災による損失も大きかった。江戸の中屋敷が、1668（寛文8）年、1682（天和2）年、1695（元禄8）年、1703（元禄16）年と4度も焼失し、その度に建て直さなければならなかったのである。中屋敷は上屋敷の控えでいわば別邸だが、それでも1万5000坪の大邸宅であった。それゆえ、再建費用が巨額となるのも当然であった。1668年に焼失した時は、幕府から10万両を借り入れている。和歌山藩が55万5000石の大藩とはいえ、この借金は多過ぎたといえよう。更に、その後の3度の火災では、幕府から2万両ずつの見舞金を拝受したが、焼け石に水であった。やむを得ず、大坂の豪商から借財を重ねたが、その額は100万両を超す額であったという[7]。

　加えて、1707（宝永4）年、紀州一帯に大地震が起こった。和歌山城下で家屋土蔵が数多く倒壊し、地面が割れて、地下水や青砂が吹き出した。圧死者の数は1000人以上に達した[8]。夜になって火災は広がり、町並みを焼く煙が空に立ち込める最中、大津波が片男波及び荒浜に襲来し、多数の民家が海に流出した。徳川吉宗はその報告を聞くと、浅井忠八を、庶民の救済の指図

をさせるため帰国させた。吉宗は、忠八に対する詳細なる指示を、以下のように記述している。すなわち、「浜辺に住いいたす者は、さだめし家が流れてしもうたことであろう。その者らには、仮屋を建ててやり、衣服飲食を与えよ。また、こたびの窮民は、天災によって貧困におちいったのであるからには、賤しい乞食のたぐいと同視してはいかん。弱人と呼んで、ねんごろに養ってやれ」[9] と。このように、吉宗は財政状況が悪化しているにも拘わらず、弱者には必要な配慮を忘れなかった。彼の胸中には、巡礼の途中、和歌山城下で行き倒れとなり、町人の好意で救われたという祖母の面影があったのであろう。いずれにせよ、吉宗が5代藩主となった時、先代までの和歌山藩の財政赤字は、危機的状況になっていたといえよう。

和歌山藩内には、明君待望論が擡頭していた。その結果、若い時から柿色の木綿袴の腰に、質素な漆塗りの大小を携えた徳川吉宗の姿が、藩内において注目を浴び、期待を集めたのである。彼の家臣は、いずれも粛然とした風があった。表面は穏やかであるが、内面に気概を秘めている様子に満ちていたといえよう。そうした賢臣を配下に保有していた吉宗は、家臣及び庶民にとって、財政状況の改善に立ち向かう希望の星として、新たな藩主となったのである。

註

1) しかしながら、財政改革の規模も小さく、いかんせん、先行資料が少ない。管見によれば、日本英雄傳編纂所、前掲書、及び童門冬二『江戸の経済改革』ビジネス社、2004年、程度しか存在していない。そこで、本書は、近世諸藩における財政改革の濫觴を野中兼山から始めたのである。

2) 森井淳、前掲書、9頁。

3) 同上、10頁参照。

4) 中江克己、前掲論文、106頁。

5) 森井淳、前掲書、10頁参照。

6) 中江克己、前掲論文、106～107頁参照。

7) 同上、107頁参照。

8) 津本陽、前掲書、215頁参照。

9) 同上。

第4節　徳川吉宗の財政改革

　徳川吉宗が5代藩主になっても、すぐに帰国し、財政改革の指示をする事はできなかった。なぜならば、御三家においては、藩主を継いだ後、3年から4年の間、江戸に留まる決まりになっていたからである。吉宗は、江戸赤坂の紀伊藩上屋敷に腰を据え、和歌山藩の財政が窮乏している状況を分析した。そして、以下のような財政改革を実施した。

　第一に、財政支出の側面において、冗費を徹底的に削減した。換言するならば、徹底的な倹約を最優先の課題としたのである。そして、自ら率先して倹約を始めた。吉宗には、若い時、母於由利の方に説き聞かされた言葉の記憶が強く残っていた、と思われる。すなわち、

　　私はのう、お城の召使いであった。召使といえば、卑しい身分じゃ、そ
　　のためそなたがはしたないふるまいをすれば、あの母親の腹を借りたた
　　めじゃと、家来どもが蔭口をきく、ひいては、そなたの出世にもかか
　　わってくる。そなたは権現様の血をひいた身じゃ、どのような風の吹き
　　まわしで、天下取りになるやも知れぬ。そのためには、いろいろとしん
　　ぼうをせねばならぬのじゃ[1]と。

　その日以後、彼は一汁三菜の他は、決して口にしないようになった。衣類も木綿の他は身につけない。夏は木綿のひとえに小倉袴、冬は紙子の羽織に小倉袴の出立ちであるため、小身の侍の子弟と見誤られる事がしばしばであった。食事も倹約を極めていた。玄米飯に野菜の煮物、大根汁の類を口にし、鳥獣魚肉は、めったに食膳に載せる事がなかったのである[2]。

　確かに、新藩主に就任すれば、当然の事ながら、衣類や諸道具等の紋所を改めなければならない。しかし、徳川吉宗は公用に使用する衣服及び調度品に限って変える事とし、その他の私的なものは、これまで通り、井筒紋のついたものを継続して使用した。江戸屋敷は勿論、国元の藩士達にも質素倹約

第 7 章　徳川吉宗の財政改革（和歌山藩）　　159

を徹底させたが、そうした策だけでは、財政が好転するはずもない事を吉宗自身、熟知していたと思われる。しかし、彼は、家中一同が一丸となって、財政改革に取り組む姿勢が重要である、と示唆したのである。質素倹約は口でいうばかりでは何の意味もなさない。そこで、吉宗は「町廻横目」[3] という役職を新たに創設し、20 人を任命した [4]。彼らの役割は、商人等に変装して、城下を巡回しながら、藩士達が奢侈に溺れず、本当に質素な生活をしているか否かを監視し、その結果を家老に報告する事にあった。

　徳川吉宗は中屋敷大広間に主たる藩士を集め、今後、一層の倹約を励むように訓戒を行った。その時、彼は水野大炊を前に、大音声で国家老としての心得を説き聞かせた。すなわち、「そもそも家老役は、家中領内の政事を申しつけおくものなれば、平生より家老の者の行状善悪を聞き及び、つぶさに調べ置かねばならぬ。そのうえで、それぞれ諸役をふりあてるとき、役向きに叶うた人柄の者を撰ばねばならぬ。しかるところを、己れの気にいりたる者をば、かれこれとよろしかろうなどと、思いつきし役に撰ぶなどは、もってのほか。国家のためにならぬことじゃ」[5] と。更に、「家老役が己れの好みに従い、下々の者の役向きを定めるは、己の威勢を誇り、奢りに長じ、ついには己の懐を肥やす私曲に通じることとなる。かようにして取り立てられ、役向きに就いたる者は、誰々殿とかねて懇意なりなどと、常に己れの後楯を口外したがり、配下の者どもを眼下に見くだして威を張りたがる。何々殿と懇ろなる仲なれば、かようにも話を通じることができるなどと、内々の情実を洩らせば、配下の者共は上司の実の姿をも知らず、我が上役殿はありがたし、かたじけなしと存じ、次第次第に日を追うて、門前市をなす様となる。これをもって、虎の威を借る狐とはいうらむか」[6] と大喝した。加えて、以下のように強く叱責した。すなわち、

　　かようの類の者は、主君のためには少しもならぬことばかりをして、日
　　送りをいたしておる。すべて我が身我が身と、その栄華のためのはから
　　いをするぱかりなれば、家中の諸士にはことのほか憎まれていたれども、
　　なにせ後楯をとったる身上なれば、表向きはこころよくつき従うのじゃ。

かかる痴れ者がはびこりおれば、わが方よりいかに倹約を申しつくとも、大勢の家中の者どもが、内々不平を抱きおれば、表向きかしこまるのみじゃ。すなわち働く気も失せ、上役の噂ばかりあれこれといたしおって、雑談ばかりにて用向きは一向にらちがあかぬ。かかるときには、かえって小まめに働きおる佞人、へつらい人の者ばかり目立って、あたかも忠臣なるがごとく見えるも笑止じゃ。かくの如く、家中の心が区々ばらばらになるのも、主人と家老の心掛け悪しきゆえじゃ。水野大炊、自今は予が言をかえりて、役向きに精を出せい[7] と。

また、徳川吉宗は、藩士達だけに負担を掛けるのではなく、江戸屋敷での経費を厳しく抑制した。更に、江戸屋敷で雇っていた坊主、手代及び小役人等のうち、怠慢や不正行為のあった者80人を解雇したのである[8]。

徳川吉宗の治世になって3年後には、和歌山藩内の士風は以前と一変した。家中には、勤倹力行を旨とする彼の意向が浸透し、浄瑠璃及び三味線等の遊戯稽古や茶の湯をたしなむ者が跡を絶った。家中の稽古事は、武芸に限定されたといってよいだろう。吉宗は、武芸稽古にはその費用を藩から支給した。更に、算学、天文、地理及び水練等の実学の稽古をも強く奨励した。国元でも、吉宗の方針は徹底していた。石川門太夫は、和歌山と江戸の間をしばしば往来し、和歌山城下の人情の変化を探索して来た。そして、彼は和歌山から出府してくると、以下のように吉宗に報告した。すなわち、

城下の町人は商売、工人は細工物、百姓は田畑仕事にはげみ、繰糸木綿をつむぐなど、遊民は一人もございませぬ。そのため、他国に金銀を持ち出すのは、わずかに道中路銭のみにてございます。領内の御風儀は以前とはみちがえるように変り、美麗を好まず、質素を競いあうように、なって参りました[9] と。

そして、藩士及び町人であるかを問わず、嫁入道具から小間物に至るまで廉価なものを好み、借財する庶民は稀になった。道を往来する人々も動作が

穏やかである。藩士は年頭と五節句の他は綿服を着ており、婚礼の時の他は
酒宴を行わない。取肴は干物や梅干等で、駿河屋の他には砂糖を用いた菓
子を売っていない。煙草も値段の高いものは売れず、八百屋にも染麩、花う
どん等の高級品は置いていないという徹底ぶりであった。更に、石川門太夫
は以下のようにも述べている。すなわち、

　　恐れながら、殿の御指導は、短き年月のうちに、おどろくばかりに領内
　　に伝わってございます。私も座頭共を使って市中の噂を探索いたし、か
　　ほどに人情が変るものかと嘆息するばかりにてございます 10)　と。

　彼の報告は微細に渡っており、徳川吉宗は江戸にいながらにして、国元の
動向を熟知する事ができたのである。
　ところが、1707（宝永4）年、徳川吉宗が、前述のような努力を重ねている
にも拘わらず、突然、1688年から1704年の元禄年間から発行していた「銀
札」11)の使用の禁止が、幕府より諸藩に申し渡された。その結果、銀札は
50日以内に銀貨と交換しなければならなくなったのである 12)。
　徳川吉宗の財政改革の第二として、彼は、財政収入の増加を目的とした策
を試みている。当然の事ながら、財政改革の要諦は、支出を削減すると同時
に、収入を増加させる事である。前述の倹約政策は、財政支出の削減を意図
としたものであった。しかし、これには限界がある事を、吉宗も感じ取って
いたに違いない。なぜならば、人間は既得権益を手放す事に抵抗する傾向が
強いからである。現在の用語で表現するならば、「財政の硬直性」といって
もよいであろう。また、筆者は、当時においても「経費膨張の法則（Law of
increasing public expenditure）」13)が機能していた、と思量する。すなわち、
財政支出の削減に限界が存在する以上、他方の財政収入の増加を試みない限
り、財政の窮乏化からの脱却は困難であろう。
　徳川吉宗は、新たに家中に「差上金」を賦課した。これは本来、家臣から
の借金であるが、俸禄の20分の1、例えば、1000石の俸禄取りの家臣であ
れば50石を予め削減し、藩庫に繰り入れるという非常手段であった。それ

ほど、和歌山藩の財政状況は悪化の一途をたどっていたのである。和歌山藩の藩士は約1万2000人だが、その全てから20分の1の差上金を徴収すると、2万石以上が藩庫に入る事になる[14]。そして、徴収した米を商人に売却し、その収益を藩の支払いや、投資活動に投入したのである。しかし、倹約政策の上、更に差上金を召し上げられては、藩士達の生活は全く余裕のないところまで追い詰められていった。しかし、財政改革による和歌山藩の再建は最重要課題であり、藩士達も堪えざるを得なかったのである。

この時代においては、財政収入の増加は、米の増産を主たる手段とせざるを得なかった。徳川吉宗は、そのために積極的に人材登用を行った。まず、理財に明るい、俸禄が僅か360石の中級藩士の大島伴六を抜擢し、1000石に加増して財政改革の担当者とした。更に、農民出身だが、土木技術に秀でた井沢為永に、勧農事業の具体化を命じた[15]。彼は河川の改修や開拓に尽力し、後に「紀州流土木工法の祖」とまで呼ばれた人物であった。為永は御普請方取締役であったが、時を置かず配下の大畑才蔵と事業の検討を始めた[16]。才蔵は為永の配下として、多くの灌漑用水工事を陣頭指揮し、農業生産の向上に能力を発揮した[17]。

和歌山藩の新田開発は、過去においても試みられていた。しかし、灌漑用水は十分なものとはいえなかった。したがって、現在は用水路を整備する時期である、と大畑才蔵は考えたのである。不作や凶作を防ぐ工夫をすれば、米の収穫量は飛躍的に増加する、と才蔵は思っていた。具体的には、小田井堰の開削だが、それは九度山の麓にある小田から、紀ノ川の水を取り入れ、根来まで通すという壮大な水路開削計画であった。そして、藩主の徳川吉宗の許可を得て、1707（宝永4）年に着工された。工事は3期に分けて行われたが、第一期工事は、小田から名手市場までの21キロで、延べ10万人が動員され、同年末には完成したといわれている。第二期工事は、名手市場から内田までの5キロだが、これには2万4000人ほどの人夫を必要とした。ここまでで26キロとなったが、この開削によって、1007町歩の水田に水を引く事が可能となった[18]。この地域は水利が悪く、すぐに乾く痩せ地だったが、小田井堰が完成して、肥沃な美田へと変化した。才蔵は工区を細分化し、そ

第7章　徳川吉宗の財政改革（和歌山藩）　　　　　163

れぞれの工区で、同時に作業を実施するという方法で工事を進めた。加えて、測量は夜間、松明や提灯を利用して行っている。この結果、工期を大幅に短縮する事ができたのである。第三期工事は、内田から根来までであり、第二期工事の終了後、引き続き 1711（宝永 8）年から開始された。

　一方、井沢為永は、1710（宝永 7）年、和歌山城の東南に位置する名草郡坂井村に、周囲 1 里に及ぶ大灌漑池を、僅か 3 カ月の工期で完成させている。この地域の 10 カ所の村は地面が高いため、田地に川の水が引けず、湧水も乏しかった。その結果、稲作をしようにもできない土地柄であった。しかし、大きな溜池があれば稲作も可能であった。為永は歩いて現地を調べた。そして、坂井村のはずれに、雑草が生い茂る湿地帯を見つけた。伏流水が豊富な事も分かったので、試しに掘削してみたところ、水量は増加していく。この周囲に堤を築いて水を溜めると、大きな溜池ができる。更に、そこから村々に水路を造れば、稲作が可能となり、村々も豊かになるはずであった。彼は、池を造るに際して、水の持ちをよくするため、池の底になる土を突き固めた。加えて、内側には十分に練った良質の土を 2 尺から 3 尺の厚さに塗り固めた。最も重要な事柄は、池から各村への水路である。池から水を流すには、水路に勾配が必要となるが、為永は勾配を測量するのに、夜になって火を灯した蠟燭を用いた。造りかけの水路の上に、一定の距離を置いて配置したのである。そして、その火によって高低を判断し、勾配を決めた。工事には、延べ 5 万 5000 人が投入され、費用は銀 71 貫目に及んだという [19]。しかし、この溜池が完成した事により、十分な水が供給される事になり、和歌山藩の必要とする米の増産に、大きく寄与する事が可能となったのである [20]。

　和歌山藩の財政状況は、徳川吉宗の財政改革によって、急速に回復しつつあった。「入るを量って、出づるを制する」という施策 [21] が急速に効果を発揮し始めたのである。同時に、吉宗は、全ての事柄を理性的に判断する人物であった。すなわち、倹約を奨励しても、吝嗇を奨励する事はなかった。吉宗が江戸屋敷の家来達に、倹約の案を求めた時、風呂番より、湯殿の薪の入用が多数であったため、その薪の量を減らすという提案があった。しかし、吉宗はその案を採用しなかった。なぜならば、入浴は体を清潔にし、疲労を

回復するので、いかに倹約が重要だとしても、必要なものは消費すべきであると考えたからであった。更に、国元及び江戸表の役所の勤務時間を、自由に短縮できるように取り決めたのは、吉宗の合理的考え方によるものであった。吉宗の治政以前、諸役所の役人は、決裁すべき用件が午前中に終わったとしても役所内に居残り、夜遅くまで詰めているのが習慣であった。吉宗は、その習慣を廃止し、仕事のない時には、日誌に「今日は御用なく退出」と記しておけば帰宅してもよい、と変更した[22]。

註

1) 津本陽、前掲書、26～27頁。
2) 彼の好物は唐辛子味噌であり、それを飯に塗りつけただけで、何杯も飯を食したといわれる。
3) この「町廻横目」の制度は、後に誕生した幕府の「御庭番」の原型となった。
4) 中江克己、前掲論文、108頁参照。
5) 津本陽、前掲書、217～218頁。
6) 同上、218頁。
7) 同上、219頁。
8) 中江克己、前掲論文、109頁参照。
9) 津本陽、前掲書、220～221頁。
10) 同上、221頁。
11) 「銀札」とは、藩内においてのみ通用する銀貨の代用紙幣をいう。
12) 津本陽、前掲書、217頁及び中江克己、前掲論文、108頁参照。
13) 近世においては、幕府と諸藩を合わせての財政支出が、仮に、人口、物価及び所得が不変であっても、膨張する傾向があるという経験的法則をいう。
14) 辻達也、前掲書、7頁及び中江克己、前掲論文、109頁参照。
15) 中江克己、前掲論文、109頁参照。
16) 当時、大畑才蔵は、学文路村（かむろむら）の庄屋として人望を集めていたが、その後、藩に召し出され、地方手代としても働いていた。地方手代は郡代や代官の配下で、民政関係の雑用に従事する小役人である。
17) 辻達也、前掲書、7～8頁及び笠谷和比古『徳川吉宗』筑摩書房、1995年、25頁参照。
18) 中江克己、前掲論文、109～110頁参照。
19) 同上、110頁参照。
20) 後に実施された徳川吉宗の享保の改革では、更に、産業の奨励を行った。特に、彼が力を注いだのは、砂糖と甘薯（かんしょ）であった。従来、我が国で使用されていた砂糖の多くは外国から輸入されたものであったが、吉宗はこれを国内で生産

しようとした。薩摩人の落合孫右衛門に命じて、オランダ人に就いてその製法を学ばせ、江戸において試作させたが、これが萌芽となって、諸国に製糖業が惹起された。また、甘薯は当時、九州の南方その他で少しは作られていたが、各地に広く知られてはいなかった。1732（享保17）年、関西一帯が蝗（いなご）の害によって、多くの餓死者を出したが、甘薯を作っている土地だけは、餓死者が一人も出なかった。吉宗は、青木昆陽の意見により、その種を求めて江戸に試作した上、全国に植えさせた。その後、凶作の年でも餓死者を出さなくなったのは、実に甘薯普及の賜物であった（日本英雄傳編纂所、前掲書、120〜121頁参照）。

21）現在の財政学でいう「量入制出原則」をいう。

22）津本陽、前掲書、222〜223頁参照。

第5節　むすびにかえて

　1710（宝永7）年4月、徳川吉宗は、初めて和歌山に入国した。僅か27歳の時の事である。それまで約4年半の間、吉宗は江戸屋敷から国元の和歌山に対して、徹底的な倹約を訴え、財政状況の改善に力を注いだ。国元の家臣達もその事を理解し、財政危機を乗り越えようと、それぞれの立場で努力をしていたのである。その結果、例年ならば、藩の米蔵は貯蓄米を売り払って空になっていたが、米俵が蓄積されるようになった。更に、余剰金も増加の一途をたどるようになっていたのである。加えて、藩士達の差上金を全額返却する事も可能となっていった。そして、幕府からの借財もどうにか返済できた。

　徳川吉宗は、約4年半ぶりに帰国すると、用水路や溜池の工事現場に自ら足を運び、工夫達を激励した。その結果、財政赤字も縮小していったのである。更に、吉宗は、以前にもまして、真摯な態度で財政改革に取り組んでいく。しかし、全てが順調に進んだ訳ではなかった。1714（正徳4）年、田辺地方で米及び麦の価格が暴騰し、360人が飢え死にするという事態が生じた。その後も、飢餓に苦しむ領民が増え続けた。吉宗は、御救米を1000人以上の人々に一人当たり1日1合ずつ、33日間に渡って給付し、危機を乗り越えたのである[1]。

1716（享保元）年5月1日、前述の如く、徳川吉宗は8代将軍に就任した。その直前の和歌山藩の財政状況は、彼の財政改革によって、完全に回復していた。藩の金蔵には、14万887両、米蔵には11万6400石の米が蓄えられていた[2]。吉宗は、近世諸藩において、稀有な業績を残した江戸前期の財政改革者の殿ともいえよう。

そして、冒頭に述べた如く、徳川吉宗の享保の改革は、和歌山藩時代の財政改革を基礎としている。換言するならば、「當時紀州一帯は凶作つづきで、領民は疲弊のどん底に喘いでゐたが、吉宗はその統治の宜しきを得たので、若いながらも大いに人望を得たのであつた。この時に於ける彼の政治は、他日天下の大政を處理した良政の先駆をなすもので、将軍となつてからの彼の政治的手腕は、ただ紀州侯としての施政を、擴大したに過ぎなかつたのである」[3] という記述が、正鵠を射ていると筆者は思惟する。

註
1）中江克己、前掲論文、111頁参照。
2）井門寛、前掲書、36頁及び中江克己、前掲論文、111頁。
3）日本英雄傳編纂所、前掲書、117頁。

徳川吉宗関係略年表（紀州和歌山藩を中心にして）

1684（貞享元）年　和歌山にて誕生する。父徳川光貞、母於由利の方、幼名源六。

1694（元禄7）年　新之助と改名する。

1695（元禄8）年　紀州和歌山から江戸赤坂の紀州邸に移動する。従五位下、主税頭に任じられる。江戸で大火が生じる。田畑の質流れが認められる。荻原重秀達の意見で金銀貨の改鋳を始める。

1696（元禄9）年　江戸城で徳川5代将軍徳川綱吉に謁見する。徳川頼方と改名する。次兄徳川頼職とともに従四位下、右近衛権少将に任じられる。諸国において飢饉が生じる。

1697（元禄10）年　綱吉から越前丹生郡に領地3万石を拝領する。関東大地震と江戸の大火が生じる。

1699（元禄12）年　元服する。

1705（宝永2）年　長兄徳川綱教、父光貞、次兄頼職、続けて泉下の人となる。紀伊徳川

第7章　徳川吉宗の財政改革（和歌山藩）　　　167

家を継ぎ、紀州藩主となる。従三位、左近衛権中将に任じられ、吉宗
と改名する。

1706（宝永3）年　伏見宮貞致親王女理子（16歳）と結婚する。参議に任じられる。

1707（宝永4）年　南海大地震に伴う紀州南岸の津波で被害を受ける。権中納言に任じられる。財政改革のため、家中に20分の1の差上金を課す（宝永7年まで）。小田井堰の開削始まる。

1708（宝永5）年　小役人80人を整理する。

1709（宝永6）年　将軍の代替わりに際し、幕府から前代までの借財の3分の1の返済を迫られる。

1710（宝永7）年　藩主として初めて国入りをする。分家伊予西条藩への合力米1万俵を加増し、3万俵とする。

1715（正徳5）年　井沢為永達を起用した財政改革策と、農政家大畑才蔵による紀ノ川北岸小田井堰をはじめとする灌漑用水工事を成功させる。

1716（享保元）年　徳川幕府8代将軍となる。将軍宣下なされる。正二位、内大臣に任じられる。

1745（延享2）年　将軍職を隠居する。

1746（延享3）年　大病に伏す。

1747（延享4）年　病気より全快する。

1751（宝暦元）年　中風に尿毒症を併発して、鬼籍の人となる。享年68歳。正一位、太政大臣及び有徳院の諡号を贈られる。

（出所：奈良本辰也・芳賀徹・楢林忠雄編『批評日本史5　徳川吉宗』思索社、1978年、285～298頁及び辻達也『徳川吉宗』吉川弘文館、1958年、215～225頁より作成）

169

参考文献目録

例　言
1　以下の参考文献目録は、本書の構成に対応させ、原則として、章ごとに区分整理した
ものである。ただし、各章に共通する文献は別記した。
2　アイウエオ順、同一著者の文献は発行年度順に配列した。
3　単著、共著、編著と論文等を区分して、配列した。

序　章
(1) 著書
・井手文雄『新稿　近代経済学』税務経理協会、1976 年。
・岩垣光定『商人生業鑑』菱屋孫兵衛、出版年不明。
・博文館編輯局編『春秋左氏伝　第 1 巻』博文館、1941 年。
・三坂圭治『萩藩の財政と撫育制度』マツノ書店、1977 年。

第 1 章
(1) 著書
・小川俊夫『野中兼山』高知新聞社、2001 年。
・川口素生『江戸諸藩中興の祖』河出書房新社、2005 年。
・菊地利夫『新田開発　改訂増補』古今書院、1986 年。
・高知県文教協会編『野中兼山關係文書』高知県文教協会、1969 年。
・榊山潤『野中兼山』國民圖書刊行會、1944 年。
・鯱城一郎『野中兼山』東和出版社、1942 年。
・田岡典夫『小説野中兼山』平凡社、2003 年。
・辻重忠・小関豊吉『野中兼山　全』冨山房、1911 年。
・停春楼主人（述）、塚越芳太郎（著述）『野中兼山』東京民友社、1901 年。
・寺石正路（閲）、川添陽『野中兼山』高知県教育会、1937 年。
・西内青藍『偉人野中兼山』野中兼山出版祭典事務所、1911 年。
・野中兼山先生銅像建設同志会編『兼山と現代』野中兼山先生銅像建設同志会、1969 年。
・平尾道雄『土佐藩経済史 5 部（商・工・農・林・漁）』高知市民図書館、1960 年。
・平尾道雄『野中兼山と其の時代』高地県文教協会、1970 年。
・平尾道雄・横川末吉『高知市史』高知市、1958 年。
・松沢卓郎『野中兼山』講談社、1942 年。
・松野尾儀行『南海之偉業──野中兼山一世記──』開成舎出版、1893 年。
・松好貞夫『土佐藩経済史研究』日本評論社、1930 年。
・雄山閣編『藩史大事典　第 6 巻　中国・四国編』雄山閣、1990 年。
・横川末吉『野中兼山』吉川弘文館、1990 年。
・横川末吉・日本歴史学会編『野中兼山』吉川弘文館、1962 年。

・吉田喜市郎『統制経済の先覺者　野中兼山良繼』神田書房、1943 年。

(2) 論文

・上森千秋「四国の土木事業に関する歴史　野中兼山の土木事業」『土と基礎』第 39 巻第
　9 号、地盤工学会、1991 年。
・上森千秋「野中兼山の土木事業 (1) ～(3)」『月刊建設』第 45 巻第 9 号～第 11 号、全日
　本建設技術協会、2001 年。
・上森千秋「野中兼山の利水、治水事業」『河川』第 59 巻第 1 号、日本河川協会、2003 年。
・有田正史・須藤定久「砂と砂浜の地域誌 (8) 東土佐の海岸——砂浜と人間の関係を考
　える——」『地質ニュース』第 622 号、2006 年。
・石躍胤央「土佐藩『寛文の改替』の一考察」『国史論集』(読史会創立 50 年記念) 第 2
　巻、読史会、1959 年。
・岩原廣彦「随筆　土木神の化身『野中兼山』の政治的手腕と人間力——政治は水を治め
　ることなり——」『電力土木』第 319 号、電力土木技術協会、2005 年。
・緒方英樹「土木史　戦国武将と土木力 (6) 戦国土木家の光と影　佐々成政・野中兼
　山」『月刊建設』第 57 巻第 10 号、全日本建設技術協会、2013 年。
・加来耕三「歴史にみる経営感覚 (第 29 回) 藩を富ませ、藩政の基礎を築く野中兼山」
　『商工ジャーナル』第 39 巻第 8 号、商工中金経済研究所、2013 年。
・懸車翁「野中兼山失脚の要因」『土佐史談』第 43 号、土佐史談会、1993 年。
・勝倉壽一「大原富枝『婉という女』論——歴史小説と自伝小説——」『福島大学教育学
　部論集』第 76 号、福島大学教育学部、2004 年。
・澤田健吉「野中兼山を訪ねて」『土木学会誌』第 32 巻第 3 号、土木学会、1999 年。
・鮭川登「野中兼山の土木事業」『河川伝統技術』第 6 号、地域開発研究所、2010 年。
・田岡典夫「野中兼山」読売新聞社編『続　人物発見』人物往来社、1965 年。
・高野澄「行財政改革の指南役　君主を補佐した賢臣たち——野中兼山／恩田杢／細井平
　洲／調所広郷・村田清風／二宮尊徳——」『歴史読本』第 45 巻第 7 号、新人物往来社、
　2000 年。
・釣井利勝「歴史的土地改良施設　野中兼山と山田堰」『水と土』第 166 号、農業土木技
　術研究会、2012 年。
・中江克己「江戸の構造改革・リーダーたちの知恵 (3) 殖産興業に成功した野中兼山
　〈土佐藩〉」『公評』第 39 巻第 5 号、公評社、2002 年。
・中山泰弘「香美市土佐山田町の市街地の成立と発展——野中兼山の在郷町『山田野地
　町』を中心として——」『ふまにすむす』第 22 号、高知女子大学、2011 年。
・平池久義「土佐藩における野中兼山の藩政改革——組織論の観点から——」『下関市立
　大学論集』第 49 巻第 1 号、下関市立大学学会、2005 年。
・広谷喜十郎「土佐藩政確立過程と商業資本」『土佐史談』復刊第 15 号、土佐史談会、
　1958 年。
・広谷喜十郎「土佐藩執政野中兼山の治山・治水政策」『月刊フェスク』第 197 号、日本
　消防設備安全センター、1998 年。
・松岡司「土木史　野中兼山の土木功業 (1)～(7)」『月刊建設』第 49 巻第 3 号～第 4
　号・第 6 号～第 7 号・第 9 号～第 11 号、全日本建設技術協会、2005 年。

参考文献目録　　　　　　　　171

・百瀬明治「市場経済導入で土佐藩を再建した野中兼山の慧眼」『プレジデント』第 36 巻
　第 4 号、プレジデント社、1998 年。
・山本一力「歴史は人生の教科書である　改革すれども、解雇せず　土佐藩初期の奉行、
　野中兼山」『Agora 日本航空機内誌』第 9 巻第 12 号、日本航空文化事業センター、
　1999 年。
・拙稿「野中兼山の財政改革に関する若干の考察」『国際文化表現研究』第 12 号、国際文
　化表現学会、2016 年。

第 2 章
（1）著書
・石川郷土史学会編『郷土シリーズ 4　先人群像』竹田印刷、1955 年。
・石川県立美術館編『前田利常展──寛永の加賀文化──』石川県立美術館、1976 年。
・小田吉之丈編『改作と精神的農業──前田利常公の理想理念──』山成印刷所、1929 年。
・小田吉之丈編『加賀藩農政史考』刀江書院、1929 年。
・蔵並省自『百万石大名』桃源社、1965 年。
・蔵並省自『加賀藩政改革史の研究』世界書院、1969 年。
・小松市立博物館編『前田利常と小松の歴史展』小松市立博物館、1977 年。
・財団法人前田育英会編『前田利常』明治印刷、1958 年。
・田中喜男『加賀藩における都市の研究』文一総合出版、1978 年。
・戸部新十郎『前田利常　上・下』光文社、2005 年。
・戸部新十郎他『逃げない男たち（上）志に生きる歴史群像』旺文社、1987 年。
・中村彰彦『風雲児・前田利常』文藝春秋、2011 年。
・中村彰彦『われに千里の思いあり　上』文藝春秋、2011 年。
・野村昭子『小松黄門　前田利常公』北国新聞社、1989 年。
・日置謙校注・解説『国事雑抄　下編』石川県図書館、1971 年。
・日置謙編『加能郷土辞彙』北国出版社、1956 年。
・堀田璋左右・川上多助編『微妙公御夜話　全』國史研究會、1916 年。
・前田育徳会編『前田利常略傳』前田育徳会、1958 年。
・前田育徳会編『加賀藩史料　第 1 編・第 2 編』清文堂出版、1980 年。
・若林喜三郎『前田綱紀』（人物叢書新装版）吉川弘文館、1986 年。
・若林喜三郎編『加賀藩社会経済史の研究』名著出版、1980 年。
（2）論文
・青木治夫「辰巳用水への技術の流れ」『日本土木史研究会論文集』第 6 巻、Japan
　Society of Civil Engineers、1986 年。
・磯田道史「殿様の通信簿第 4 回〜第 7 回」『小説トリッパー』2004 年冬季号〜2005 年
　秋季号、朝日新聞社、2004 〜 2005 年。
・木越隆三「前田利常と『御開作』仰付」『北陸史学』第 55 号、北陸史学会、2006 年。
・北春千代「加賀文化と茶の湯 (1) 〜(3)」『淡交』第 61 巻第 2 号〜第 4 号、淡交社、
　2007 年。
・蔵並省自「加賀藩初期地方知行制度とその変質」『日本大学文理学部（三島）研究年

報』第16号、日本大学文理学部、1968年。
・佐々木潤之介「加賀藩制成立に関する考察」『社会経済史学』第24巻第2号、社会経済
　史学会、1958年。
・新谷九郎「加賀藩に於ける集権的封建制の確立」『社会経済史学』第6巻第2号、社会
　経済史学会、1936年。
・谷端昭夫「金沢　茶の湯春秋――前田利常の茶の湯と仙叟宗室――」『淡交』第65巻第
　3号、淡交社、2011年。
・田畑勉「宝暦・天明期における加賀藩財政の意義」『史苑』第30巻第1号、立教大学、
　1969年。
・戸部新十郎「百万石を固めた前田利常」『Will』第4号、中央公論社、1983年。
・戸部新十郎他「前田利常」『逃げない男たち（上）志に生きる歴史群像』旺文社、1987
　年。
・中江克己「江戸の構造改革・リーダーたちの知恵（1）農政改革を進めた前田利常〈加
　賀藩〉」『公評』第39巻第3号、公評社、2002年。
・中野節子「加賀藩初期、藩主財政について――『温故雑録』の紹介――」『日本海文
　化』第7号、金沢大学法文学部、1980年。
・中村吉治「初期加賀藩の貢租について」『東北帝國大學研究年報　経済學』第9號、岩
　波書店、1938年。
・見瀬和雄「近世初期における大名蔵入地支配の特質――加賀藩奥能登蔵入地を例
　に――」藤野保編『第7巻　藩体制の形成Ⅱ　論集幕藩体制史』雄山閣出版、1994年。
・見瀬和雄「前田利常の家中統制――前田直之の処遇をめぐって――」『金沢学院大学紀
　要　文学・美術・社会学編』第4号、金沢学院大学、2006年。
・見瀬和雄・見瀬弘美「加賀藩改作法施行期の家臣団資料――『古組帳抜萃』（21）～
　（23）――」『金沢学院大学紀要　文学・美術・社会学編』第7巻～第9巻、金沢学院大
　学、2009年～2011年。
・藪下宏「茶に生きた人　前田利常――幕藩体制下の大名の茶――」『茶道雑誌』第78巻
　第5号、河原書店、2014年。
・由谷裕哉「前田利常を顕彰する祭礼の形成と変遷」『宗教民俗研究』第20号、日本宗教
　民俗学研究会、2010年。
・拙稿「前田利常の財政改革に関する若干の考察」『日本情報ディレクトリ学会誌』第15
　巻、日本情報ディレクトリ学会、2017年。

第3章
（1）著書
・池田光政著、藤井駿他共編『池田光政日記』山陽図書出版、1967年。
・石坂善次郎『池田光政公傳　下巻』（非売品）東京印刷、1932年。
・上原兼善『「名君」の支配論理と藩社会――池田光政とその時代――』清文堂出版、
　2012年。
・岡山県編『池田光政公遺芳』岡山県、1926年。
・小和田哲男指導、山名美和子「池田光政の治世」『名城をゆく18　岡山城』小学館、

2004 年。
・倉地克直『池田光政——学問者として仁政行もなく候へば——』ミネルヴァ書房、2012 年。
・後藤陽一『日本思想大系 30　熊沢蕃山』岩波書店、1971 年。
・柴田一監修『岡山藩郡代津田永忠物語——池田光政と綱政の時代——』岡山放送、1998 年。
・柴田一監修『光政と綱政』吉備人出版、1999 年。
・谷口澄夫『岡山藩政史の研究』塙書房、1964 年。
・谷口澄夫『池田光政』吉川弘文館、1994 年。
・永山卯三郎『池田光政公傳』日本佛書センター、1980 年。
・永山卯三郎『池田光政公伝　上巻』世界聖典刊行会、1980 年。
・林原美術館編『池田光政図録』林原美術館、2009 年。
・堀田璋左右著、川上多助共編、萩野由之監修『有斐録　池田光政』國史研究會、1916 年。
(2) 論文
・吾妻重二「池田光政と儒教喪祭儀礼」『東アジア文化交渉研究』第 1 号、関西大学、2008 年。
・井沢元彦「逆説の日本史　第八十話　江戸『名君』の虚実 2『池田光政の善政』編（その 1〜その 5)」『週刊ポスト』第 41 巻第 8 号・第 10 号・第 12 号・第 13 号、小学館、2009 年。
・荻生茂博「池田光政の藩政改革と熊沢蕃山——近世における儒教受容の一形態——」『歴史』第 67 集、東北史学会、1986 年。
・荻生茂博「日本における新儒教の受容と小農社会の成立——考察の前提を論じて、池田光政・熊沢蕃山論に及ぶ——」『米沢史学』第 18 号、米沢史学会、2002 年。
・生咲恭仁彦「ふるさと文化探訪　史話・瀬戸内の文化人（54）池田光政」『岡山経済』第 23 巻第 272 号、岡山経済研究所、2000 年。
・北原章男「家光と光政・蕃山」『日本歴史』第 306 号、日本歴史学会、1973 年。
・倉地克直「池田光政と狩猟」『林原美術館紀要・年報』第 5 号、林原美術館、2010 年。
・黒部亨「池田光政と岡山藩」『歴史読本』第 45 巻第 7 号、新人物往来社、2000 年。
・田中誠二「寛文期の岡山藩政——池田光政の宗教政策と致仕の原因——」『日本史研究』第 202 号、日本史研究会、1979 年。
・谷口澄夫「池田光政の修学と教育政策」『岡山大学教育学部研究集録』第 9 号、岡山大学教育学部、1960 年。
・谷口澄夫「池田光政の政治理念とその実践」『史學研究』第 77・78・79 合併増大号、広島史學研究会、1960 年。
・谷口澄夫「池田光政」児玉幸多・木村礎編『大名列伝 4　名君篇』人物往来社、1967 年。
・童門冬二「一号一得『そんなことは知っている』は最も危険　池田光政」『公営企業』第 34 巻第 3 号、地方財務協会、2002 年。
・童門冬二「童門冬二の〈歴史に学ぶ起業の知恵と技〉『成功のポイントはスピード決断』池田光政編」『環境ビジネス』第 24 号、宣伝会議、2004 年。
・童門冬二「童門冬二の〈歴史に学ぶ起業の知恵と技〉『災害復興は“仁”の精神で』池

田光政編」『環境ビジネス』第 32 号、宣伝会議、2005 年。
- 堀新「歴史記録への招待（9）『池田光政日記』」『歴史読本』第 44 巻第 11 号、新人物往来社、1999 年。
- 山田芳則「池田光政の思想構造」『吉備地方文化研究』第 17 号、就実女子大学吉備地方文化研究所、2007 年。
- 若尾政希「池田光政の思想形成と『太平記読み』」『仏教史学研究』第 40 巻第 2 号、仏教史学会、1997 年。

第 4 章

(1) 著書

- 相田泰三『保科正之傳』保科正之公三百年祭奉賛会、1972 年。
- 会津武家屋敷文化財管理室編『藩祖保科正之公と会津藩』博物館会津武家屋敷、1996 年。
- 春日太郎『保科正之公——江戸幕政の元老会津若松藩の祖——』島影社、1985 年。
- 蒲生氏郷まちづくり 400 年・保科正之入部 350 年祭記念特別企画展実行委員会編『会津宰相蒲生氏郷・会津中将保科正之』特別展実行委員会、1993 年。
- 中村彰彦『名君保科正之 歴史の群像』文藝春秋、1996 年。
- 中村彰彦『名君の碑 保科正之の生涯』文藝春秋、2001 年。
- 中村彰彦『保科正之 徳川将軍家を支えた会津藩主』中央公論新社、2006 年。
- 中村彰彦『慈悲の名君 保科正之』角川学芸出版、2010 年。
- 中村彰彦『保科正之 民を救った天下の副将軍』洋泉社、2012 年。
- 中村彰彦『保科正之言行録』中央公論新社、2012 年。
- 中村彰彦『完全版 名君 保科正之』河出書房新社、2016 年。
- 福島県立美術館編集『保科正之の時代 生誕 400 年記念』福島県立美術館、2011 年。
- 保科正之編『玉山講義附録』中央研究院中国文哲研究所、1994 年。
- 真壁俊信・佐藤洋一校注『保科正之』神道体系編纂会、2002 年。
- 三戸岡道夫『保科正之 徳川将軍家を支えた名君』PHP 研究所、1998 年。
- 宮崎十三八編『保科正之のすべて』新人物往来社、1992 年。
- 森谷宜暉『家光と二人の弟——三代将軍徳川家光、駿河大納言忠長、保科正之——』高文堂出版社、2001 年。
- 森谷宜暉『名宰相保科正之——時代が求めるリーダーを育んだもの——』高文堂出版社、2001 年。
- 山下昌也『大名の家計簿』角川書店、2012 年。
- 『歴史読本』編集部編『名君保科正之と会津松平一族——歴史の闇に埋もれた幕政改革のリーダー——』新人物往来社、2005 年。
- 若松城天守閣郷土博物館編『保科正之 会津松平藩祖保科正之 生誕 400 年記念』若松城天守閣郷土博物館、2010 年。

(2) 論文

- 加来耕三「名君の人柄と限界 保科正之」『マネジメントレポート』第 379 号、第一勧銀総合研究所、1999 年。
- 河崎貴一「危機の"宰相"保科正之」『歴史通』第 12 号、ワック、2011 年。

参考文献目録　　　175

- 小池進「保科正之と徳川家光・忠長」『日本歴史』第 758 号、吉川弘文館、2011 年。
- 平重道「保科正之と山崎闇斎——幕藩体制成立の思想的側面——」『文化』第 24 巻第 1 号、東北大学文学会、1960 年。
- 童門冬二「歴史にまなぶ地域経営術（67）〜（82）保科正之（1）〜最終回」『晨』第 19 巻第 1 号〜第 12 号・第 20 巻第 1 号〜第 4 号、ぎょうせい、2000 年〜2001 年。
- 中江克己「江戸の構造改革・リーダーたちの知恵（18）徳政で藩を活性化させた保科正之〈会津藩〉」『公評』第 40 巻第 9 号、公評社、2003 年。
- 中村彰彦「余滴の日本史（20）〜（21）」『本の旅人』第 3 巻第 6 号・第 7 号、角川書店、1997 年。
- 中村彰彦「名君保科正之を育てた女性たち」『本の話』第 4 巻第 12 号、文藝春秋、1998 年。
- 中村彰彦「『副将軍』保科正之と幕政改革」『歴史読本』第 30 巻第 18 号、新人物往来社、2005 年。
- 中村彰彦「福祉の父、保科正之　世界に先んじ、制度を確立」『自由民主』第 651 号、自由民主党、2007 年。
- 葉治英哉「保科正之と会津藩」『歴史読本』第 45 巻第 7 号、新人物往来社、2000 年。
- 布施弥平治「保科正之の教令——御法度書と家訓を中心として——」『日本法学』第 26 巻第 2 号、日本大学法学会、1960 年。
- 本多俊彦「保科正之後見期の加賀藩について」『高岡法科大学紀要』第 24 号、高岡法科大学、2013 年。
- 拙稿「保科正之の財政改革に関する若干の考察」『国際文化表現研究』第 14 号、国際文化表現学会、2018 年。

第 5 章

（1）著書
- 安里延『沖縄海洋発展史——日本南方発展史序説——』沖縄県海外協会、1941 年。
- 梅木哲人『新琉球国の歴史』法政大学出版局、2013 年。
- 沖縄県沖縄史料編集所編『沖縄県史料　前近代 1　首里王府仕置』沖縄県教育委員会、1981 年。
- 沖縄県姓氏家系大辞典編纂委員会『沖縄県姓氏家系大辞典』角川書店、1992 年。
- 沖縄県立博物館編『冊封使——中国皇帝の使者——』沖縄県立博物館友の会、1989 年。
- 紙屋敦之『幕藩制国家の琉球支配』校倉書房、1990 年。
- 木下尚子編『先史琉球の生業と交易——奄美・沖縄の発掘調査から——（改訂版）』熊本大学文学部木下研究室、2003 年。
- 小葉田淳『中世南島通交貿易史の研究』日本評論社、1939 年。
- 小林茂『農耕・景観・災害——琉球列島の環境史——』第一書房、2003 年。
- 財団法人沖縄県文化振興会文書管理部史料編集室編『沖縄県史　各論編 4　近世』沖縄県教育委員会、2005 年。
- 首里王府編著、諸見友重訳注『琉球弧叢書 24　訳注　中山世鑑』榕樹書林、2011 年。
- スミッツ，グレゴリー著、渡辺美季訳『琉球王国の自画像——近世沖縄思想史——』ぺ

りかん社、2011 年。
- 高良倉吉『新版　琉球の歴史』ひるぎ社、1989 年。
- 豊見山和行『琉球王国の外交と王権』吉川弘文館、2004 年。
- 羽地朝秀（向象賢）編述、沖縄県教育庁文化課編『重新校正　中山世鑑』沖縄県教育委員会、1983 年。
- 東恩納寛惇『黎明期の海外交通史』帝国教育会出版部、1941 年。
- 東恩納寛惇『註校　羽地仕置』興南社、1952 年。
- 夫馬進編『増訂　使琉球録解題及び研究』榕樹書林、1999 年。
- 外間守善『沖縄の歴史と文化』中央公論社、1997 年。
- 真境名安興『真境名安興全集　第 4 巻』琉球新聞社、1993 年。
- 宮城栄昌『琉球使者の江戸上り』第一書房、1982 年。
- 宮城栄昌『琉球の歴史』吉川弘文館、1996 年。
- 宮里朝光編『向姓世系圖』向姓世系圖刊行会、1993 年。
- 宮里朝光監修、那覇出版社編『沖縄門中大事典』那覇出版社、1998 年。
- 横山学『琉球国使節渡来の研究』吉川弘文館、1987 年。

(2) 論文
- 伊藤幸司「15・16 世紀の日本と琉球——研究史整理の視点から——」『九州史学』第 144 号、九州史学研究会、2006 年。
- 伊藤陽寿「久米村孔子廟創建の歴史的意義——十七世紀後半の政治的視点から——」『沖縄文化研究』第 36 号、法政大学沖縄文化研究所、2010 年。
- 岩井茂樹「清代の互市と“沈黙外交”」夫馬進編『中国東アジア外交交流史の研究』京都大学学術出版会、2007 年。
- 岡本弘道「明朝における朝貢國琉球の位置附けとその変化——14・15 世紀を中心に——」『東洋史研究』第 57 巻第 4 号、東洋史研究會、1999 年。
- 岡本弘道「17 〜 18 世紀初における琉球王国の構造變容——文化交渉の交差点として——」『第 1 回次世代国際学術フォーラム報告書』2009 年。
- 佐久間正「琉球王国と儒教——蔡温を中心に——」『長崎大学総合環境研究』第 11 巻第 2 号、長崎大学、2009 年。
- 高良倉吉「向象賢の論理」『琉球史近世編（上）』琉球新報社、1989 年。
- 高良倉吉「琉球王国の展開——自己変革の思念、『伝統』形成の背景——」『岩波講座世界歴史 13　東アジア伝統社会の形成』岩波書店、1998 年。
- 高良倉吉「『羽地仕置』に関する若干の断章」『日本東洋文化論集』第 6 号、琉球大学法文学部、2000 年。
- 田里修「『羽地仕置』に関する一考察」『沖縄文化』第 25 巻第 1 号、沖縄文化協会、1988 年。
- 鐘厳「釣魚島の主権について」『人民日報』第 8 面、人民日報社、1996 年 10 月 18 日。
- 童門冬二「戦国武将のマネジメント術［羽地朝秀］の巻」『SQUET』第 219 号、三菱 UFJ リサーチ＆コンサルティング株式会社、1992 年。
- 童門冬二「諸国賢人列伝　琉球国羽地朝秀（上）〜（下）」『Governance』第 4 号〜第 6 号、ぎょうせい、2001 年。

参考文献目録　　　177

・夫馬進「1609 年、日本の琉球併合以降における中国・朝鮮の対琉球外交──東アジア
　四国における冊封、通信そして杜絶──」『朝鮮史研究会論文集』No.46、朝鮮史研究会、
　2008 年。
・真栄平房昭「鎖国形成期の琉球在番奉行」『琉球の歴史と文化──山本弘文博士還暦記
　念論集──』本邦書籍、1985 年。
・真境名安興「琉球の五偉人」『真境名安興全集　第 4 巻』第一書房、1993 年。
（3）その他
・http://page.freett.com/haniwa828/ryukyu/tushi/tushi4.htm（2017 年 9 月 2 日現在）
・http://www.ne.jp/asahi/okinawa/hiro/okinawa/history.him（2017 年 9 月 2 日現在）

第 6 章
（1）著書
・稲垣国三郎編『日乗上人日記』日乗上人日記刊行会、1954 年。
・稲垣史生『水戸黄門』成美堂、1981 年。
・茨城県史編集会編『茨城県史料　近世思想編』茨城県史編集会、1989 年。
・茨城県立歴史館編『光圀』（展示会図録）茨城県立歴史館、2000 年。
・冲方丁『光圀伝』角川書店、2012 年。
・大金重貞編『水戸黄門と重貞』行人社、1979 年。
・奥田源三『徳川光圀』普及舎、1952 年。
・川崎巳之太郎編『水戸光圀卿』楽天社、1928 年。
・菊池謙二郎『水戸義公略伝』東洋書院、1935 年。
・菊池謙二郎『義公略伝』常総新聞社、1939 年。
・清原伸一編『週刊日本の 100 人 No.028　徳川光圀』デアゴスティーニ・ジャパン、
　2012 年。
・峽北隠士『水戸義公と烈公』富士書店、1900 年。
・金海南『水戸黄門「漫遊」考』新人物往来社、1999 年。
・小滝淳『水戸光圀を語る』崇文社、1939 年。
・笹原金次郎『徳川光圀──水戸黄門の生涯──』茨城企画、1982 年。
・佐藤進『水戸義公伝』博文館、1911 年。
・鈴木暎一『徳川光圀』（日本史リブレット 048）山川出版社、2010 年。
・鈴木一夫『水戸黄門の世界』河出書房新社、1995 年。
・鈴木一夫『つくられた明君──光圀、義公そして水戸黄門──』（ニュートンプレス選
　書）ニュートンプレス、1998 年。
・鈴木成章編『水戸歴世譚』（復刻版）青史社、1978 年。
・瀬谷義彦『茨城地方史の断面』茨城新聞社、2000 年。
・瀬谷義彦『水戸の光圀　新装版』茨城新聞社、2000 年。
・高須芳次郎『徳川光圀』新潮社、1941 年。
・高須芳次郎『水戸義公を語る』井田書店、1942 年。
・高野澄『実説　水戸黄門』毎日新聞社、1995 年。
・塚原渋柿園『水戸光圀卿』左久良書房、1908 年。

・塚本学『徳川綱吉』（人物叢書）吉川弘文館、1998 年。

・常磐神社・水戸史学会編『徳川光圀関係史料水戸義公伝記逸話集』吉川弘文館、1978 年。

・徳川圀順編『水戸義公全集　上・中・下』角川書店、1970 年。

・名越時正『水戸光圀』日本教文社、1972 年。

・野口武彦『徳川光圀』朝日新聞社、1976 年。

・福田耕二郎『水戸の彰考館——その学問と成果——』水戸史学会、1991 年。

・藤井譲治『徳川家光』（人物叢書）吉川弘文館、1997 年。

・松平公益会編『高松藩祖松平頼重伝』松平公益会、1964 年。

・水戸市史編纂委員会編『水戸市史　中巻』水戸市史編纂委員会、1968 〜 1969 年。

・宮崎道生『定本　折たく柴の記』至文堂、1964 年。

・宮田正彦『水戸の人物シリーズ 2　光圀夫人泰姫と左近局』水戸史学会、1985 年。

・矢田勇『水戸義公』義公記念会、1928 年。

・山口松濤『水戸光圀』井上一書堂、1909 年。

・山室恭子『黄門さまと犬公方』文藝春秋、1998 年。

・吉田俊純『水戸光圀の時代——水戸学の源流——』校倉書房、2000 年。

・渡辺修二郎『徳川光圀言行録』内外出版協会、1908 年。

（2）論文

・磯田道史「殿様の通信簿」『小説トリッパー』2003 年冬季号、朝日新聞社、2003 年。

・伊東多三郎「水戸藩財政収支の検討　光圀時代」『日本歴史』第 348 号、吉川弘文館、1977 年。

・栗原茂幸「徳川光圀の政治思想」『法学会雑誌』第 18 巻第 1・2 号合併号、東京都立大学、1978 年。

・瀬谷義彦「水戸学の背景」『日本思想史大系 53　水戸学』岩波書店、1973 年。

・尾藤正英「水戸学の特質」『日本思想史大系 53　水戸学』岩波書店、1973 年。

・宮崎道生「水戸光圀と新井白石」『茨城県史研究』第 85 号、茨城県立歴史館、2001 年。

・吉田俊純「徳川光圀の寺社整理と村落」『地方史研究』第 45 巻第 1 号、地方歴史研究協議会、1995 年。

・吉田俊純「徳川光圀の世子決定事情」『筑波学院大学紀要』第 8 集、筑波学院大学、2013 年。

・吉田俊純「徳川光圀、苦悶の西山隠棲」『歴史文化研究』創刊号、歴史文化研究会、2014 年。

・吉田俊純「徳川光圀の初政の人事」『筑波学院大学紀要』第 9 集、筑波学院大学、2014 年。

第 7 章

（1）著書

・有吉忠行他『新井白石　徳川吉宗　平賀源内』いずみ書房、2012 年。

・安藤精一『和歌山県の歴史』山川出版社、1970 年。

・安藤精一他『徳川吉宗のすべて』新人物往来社、1995 年。

・井口朝生『徳川吉宗』成美堂出版、1994 年。

参考文献目録　179

・大石慎三郎『徳川吉宗とその時代――江戸転換期の群像――』中央公論社、1989 年。
・大石慎三郎『徳川吉宗と江戸の改革』講談社、1995 年。
・大石慎三郎責任編集『週刊朝日百科　日本の歴史 74　近世 I　享保の改革吉宗の時代』
　朝日新聞社、1987 年。
・大石慎三郎監修『徳川吉宗――享保の改革とその時代――』日本放送出版協会、1994 年。
・大石学『吉宗と享保の改革』東京堂出版、1995 年。
・大石学『徳川吉宗――国家再建に挑んだ将軍――』教育出版、2001 年。
・大石学『徳川吉宗』（日本史リブレット 051）山川出版社、2012 年。
・大平祐一『目安箱の研究』創文社、2003 年。
・岡崎寛徳『徳川吉宗と江戸城』吉川弘文館、2014 年。
・笠谷和比古『士（サムライ）の思想――日本型組織・強さの構造――』日本経済評論社、
　1993 年。
・笠谷和比古『徳川吉宗』筑摩書房、1995 年。
・学習研究社編『徳川吉宗　八代米将軍の豪胆と治政』学習研究社、1995 年。
・上之郷利昭『徳川吉宗』三笠書房、1994 年。
・清原伸一編『週刊日本の 100 人 No.20　徳川吉宗』デアゴスティーニ・ジャパン、2012
　年。
・斎藤晴輝『徳川吉宗――「天下一」の将軍――』講談社、1994 年。
・ジェームズ三木『八代将軍吉宗』日本放送出版協会、1997 年。
・新人物往来社編『八代将軍　徳川吉宗』新人物往来社、1995 年。
・榛葉英治『新説徳川吉宗伝』ベストセラーズ、1994 年。
・鈴木尚『骨は語る　徳川将軍・大名家の人びと』東京大学出版会、1985 年。
・高野澄『徳川吉宗の謎』毎日新聞社、1994 年。
・竹越與三郎『日本經濟史』平凡社、1947 年。
・辻達也『徳川吉宗』吉川弘文館、1958 年。
・辻達也『NHK 文化セミナー　歴史に学ぶ　徳川吉宗とその時代』NHK 出版、1995 年。
・辻達也『徳川吉宗とその時代』日本放送出版協会、1995 年。
・辻達也（述）『新井白石　徳川吉宗』ぎょうせい、1987 年。
・津本陽『南海の龍　若き日の徳川八代将軍徳川吉宗』中央公論社、1986 年。
・津本陽『大わらんじの男　八代将軍徳川吉宗』文藝春秋、1998 年。
・津本陽・童門冬二『徳川吉宗の人間学――時代の変革期におけるリーダーの条件――』
　PHP 研究所、2009 年。
・童門冬二『徳川吉宗』日本経済新聞社、1993 年。
・徳富猪一郎『近世日本国民史　吉宗時代』民友社、1926 年。
・徳富蘇峰著、平泉澄校訂『徳川吉宗　吉宗時代』講談社、1982 年。
・徳永真一郎『徳川吉宗』毎日新聞社、1994 年。
・土肥鑑高『米将軍とその時代』教育社、1977 年。
・鳥居謙一『徳川吉宗の一生』新人物往来社、1995 年。
・中江克己『徳川吉宗 101 の謎』新人物往来社、1995 年。
・奈良本辰也・芳賀徹・楢林忠雄編『批評日本史 5　徳川吉宗』思索社、1978 年。

・深井雅海『日本近世の歴史3　綱吉と吉宗』吉川弘文館、2012年。
・堀内信編『南紀徳川史　第1冊』（復刻版）清文堂出版社、1989年。
・百瀬明治『徳川吉宗と幕府の衰え』学習研究社、1984年。
・百瀬明治『徳川吉宗』角川書店、1995年。
・森井淳『南海の竜〈増補〉紀州の徳川吉宗（第一部・第二部）』宇治書店、1992年。
・森下研『徳川吉宗』さ・え・ら書房、1982年。
・八尋舜右『長耳の人　徳川吉宗』小学館、1995年。
・歴史と文学の会編『徳川吉宗と大岡越前守』勉誠社、1994年。
(2) 論文
・板沢武雄・斎木一馬「徳川吉宗」『日本歴史』第56号、吉川弘文館、1953年。
・氏家幹人「卓越した指導力を支えた言葉の冴え　徳川吉宗（1684〜1751）」『文藝春秋 special』第6巻第2号、文藝春秋、2012年。
・大石慎三郎「徳川吉宗をめぐる女たち」『学習院大学経済経営研究所年報』第9号、学習院大学、1996年。
・大石学編「日本の近代史16　享保改革と社会変容」『本郷』第47号、吉川弘文館、2003年。
・大松庄太郎「江戸時代に於ける徳川吉宗と松平定信」『學習研究』第11巻第9号、奈良女子大学、1932年。
・川勝守「徳川吉宗御用漢籍の研究――近世日本の明清史研究序説――」『九州文化史研究所紀要』第32号、九州大学文化史研究所、1987年。
・小谷正「徳川吉宗にまつわる風聞の考察――紀州時代の吉宗について――」『和歌山県立文書館紀要』第8巻、和歌山県立文書館、2003年。
・須貝貴美子「徳川吉宗の権力掌握について」『山形大学史学論集』第10号、山形大学、1990年。
・竹内均「GEOGRAPHIC　徳川吉宗――幕府中興の英主とあおがれた8代将軍――」『ニュートン』第27巻第2号、ニュートンプレス、2007年。
・童門冬二「徳川吉宗（上）〜（下）」『市政』第50巻第1号〜第3号、全国市長会、2001年。
・童門冬二「歴史に学ぶ『人間学』（15）徳川吉宗　したたかな改革者」『潮』第510号、潮出版社、2001年。
・童門冬二「お家の継承（第32話）徳川吉宗（2）国民に品格を取り戻す改革」『日経ベンチャー』第260号、日経BP社、2006年。
・中江克己「江戸の構造改革・リーダーたちの知恵（17）驚異的な成果を出した徳川吉宗〈和歌山藩〉」『公評』第40巻第8号、公評社、2003年。
・藤本清二郎「吉宗期、紀州藩の『農民教訓条々』」『紀州経済史文化史研究所紀要』第20号、和歌山大学紀州経済史文化史研究所、2000年。
・山本博文「『人事』の日本史（37）近世編　徳川吉宗の『役職手当』改正」『エコノミスト』第82巻第35号、毎日新聞社、2004年。

各章に重複する文献

（1）著書

・朝尾直弘他編『岩波講座　日本通史 13　近世 3』岩波書店、1994 年。

・朝倉治彦・三浦一郎編『世界人物逸話大事典』角川書店、1996 年。

・井門寛『江戸の財政再建』中央公論新社、2000 年。

・大石慎三郎『享保改革の経済政策』御茶の水書房、1961 年。

・大石慎三郎『日本の歴史 20　幕藩制の転換』小学館、1975 年。

・大石学『享保の改革の地域政策』吉川弘文館、1996 年。

・大野瑞男『江戸幕府財政史論』吉川弘文館、1996 年。

・小和田哲男編集『日本史 1000 人　下巻』世界文化社、2010 年。

・金谷治訳注『論語』岩波書店、2014 年。

・河合敦『江戸の決断――武士たちは、どう諸藩を立て直したのか――』講談社、2006 年。

・北島正元『日本の歴史 18　幕藩制の苦悶』中央公論社、1996 年。

・木村礎編『藩史大事典　第 6 巻』雄山閣、1990 年。

・倉地克直『全集　日本の歴史 11　徳川社会のゆらぎ』小学館、2008 年。

・蔵並省自・實方壽義『近世社会の政治と経済』ミネルヴァ書房、1995 年。

・児玉幸多『日本の歴史 16　元禄時代』中央公論社、1966 年。

・児玉幸多・北島正元監修『藩史総覧』新人物往来社、1977 年。

・児玉幸多・木村礎編『大名列伝 4　名君篇』人物往来社、1967 年。

・佐藤雅美『歴史に学ぶ　「執念」の財政改革』集英社、1999 年。

・新人物往来社編『別冊歴史読本 59　江戸諸藩役人役職白書』新人物往来社、1998 年。

・高埜利彦『日本の歴史 13　元禄・享保の時代』集英社、1992 年。

・圭室文雄『江戸幕府の宗教統制』評論社、1971 年。

・辻善之助『日本文化史　第 5 巻』春秋社、1988 年。

・辻達也『享保改革の研究』創文社、1963 年。

・辻達也『江戸時代を考える』中央公論社、1988 年。

・辻達也編『日本の近世 10　近代への胎動』中央公論社、1993 年。

・土屋喬雄『封建社会崩壊過程の研究』象山社、1981 年。

・童門冬二『江戸の財政改革』小学館、2002 年。

・童門冬二『江戸の経済改革』ビジネス社、2004 年。

・童門冬二『乱世を生き抜く　戦国武将のマネジメント術』ダイヤモンド社、2011 年。

・童門冬二『諸国賢人列伝――地域に人と歴史あり――』ぎょうせい、2014 年。

・童門冬二監修『江戸の大名人物列伝』東京書籍、2000 年。

・奈良本辰也校注『近世政道論』岩波書店、1976 年。

・日本英雄傳編纂所編『日本英雄傳　第 7 巻』非凡閣、1936 年。

・野村兼太郎『近世日本の経世家』泉文社、1948 年。

・萩原裕雄『地方再生は江戸に学べ――藩政改革を成功に導いたスペシャリストたち――』三空出版、2015 年（電子書籍として配信、kindle 版）。

・深谷克己『近世人の研究』名著刊行会、2003 年。

・藤田覚『近世の三大改革』（日本史リブレット 048）山川出版社、2011 年。

・藤田覚編『幕藩制改革の展開』山川出版社、2001年。
・松本四郎・山田忠雄編『日本近世史4　元禄・享保期の政治と社会』有斐閣、1980年。
・見瀬和雄『幕藩制市場と藩財政』巌南堂書店、1998年。
・百瀬明治『名君と賢臣——江戸の政治改革——』講談社、1996年。
・山本明『江戸三百藩』西東社、2011年。
・山本敦司編『江戸の財政再建20人の知恵』扶桑社、1998年。
・山本博文監修『江戸時代265年ニュース事典』柏書房、2012年。
・吉田一徳『大日本史紀伝志表撰者考』風間書房、1965年。
・読売新聞社編『人物再発見』人物往来社、1965年。
・歴史群像編『戦国驍将・知将・奇将伝——乱世を駆けた62人の生き様・死に様——』
　歴史群像、2007年。
・『歴史読本』編集部編『江戸三百藩藩主列伝』新人物往来社、2012年。
・早稲田大学経済史学会編『近世日本農民経済史研究』早稲田大学経済史学会、1952年。
(2) 論文
・佐藤和子「百姓は国の宝ぞ」『日本及日本人』第1572号、日本及日本人社、1983年。
・新人物往来社編「特集参勤交代」『歴史読本』第34巻第23号、新人物往来社、1989年。

＊本書は、以下の日本大学国際関係研究所個人研究費の研究成果の一部である。
(1) 2014年度「江戸期の財政改革に関する考察」
(2) 2016年度「近世諸藩の財政改革の濫觴と燎原　初期編」
(3) 2017年度「近世諸藩の財政改革の濫觴と燎原　初期編Ⅱ」

人名索引

ア　行

青木昆陽	165
青山忠成	43
明智光秀	40
浅井忠八	156
浅井長政	87
安積覚兵衛（澹泊）	129
浅野長政	40
足利義昭	112
足利義政	112
蘆名義広	91
阿閉貞秀	46
阿部忠秋	90
天野屋宗入	81
天野屋弥三右衛門	79, 81
新井白石	4, 85
荒尾但馬	15
安藤帯刀	154
井伊直孝	90
井伊直政	18
伊木忠貞	81
伊木忠繁	65
伊木忠次	65
池田綱政	80, 82
池田恒元	84
池田輝政	64
池田利隆	64
池田光仲	65
池田光政	63, 85
井沢為永	162
石川門太夫	160
石田三成	40, 42
泉仲愛	65
伊勢屋九郎右衛門	79
伊丹屋又右衛門	79
稲葉内匠頭正行	21
岩垣光定	5

上杉景勝	91
大久保忠隣	43
大塩平八郎	66
大島伴六	162
大谷刑部	41
大友宗麟	113
大鳥圭介	66
大野修理	40
大畑才蔵	162
荻生徂徠	5, 10
小倉三省	17
小倉少介	16, 20, 22
織田信長	40
落合孫右衛門	165
小幡九兵衛	40

カ　行

加藤明成	92
加藤嘉明	92
加納久通	152
樺山権左衛門久高	114
上木新兵衛	40
亀井茲矩	113
蒲生氏郷	91-2
蒲生忠知	92
蒲生秀行	91
京極高次	87
筋原英忍	151
久野宗成	155
熊沢蕃山	17, 65, 67, 81
倉橋助三郎	79
孔子	11, 67
高地屋庄左衛門	80
鴻池善右衛門	79
呉象賢	109
五藤内蔵助	19
近衛信尋	132

サ　行

蔡温	124-6
酒井忠勝	89, 93
榊原康政	64
佐久間盛政	46
佐々介三郎十竹（宗淳）	129
柴田勝家	46
下方覚兵衛	65
舜天王	116
尚賢王	108
向象賢	107
尚真王	109, 112
尚寧王	119
菅屋長頼	46
鈴木平兵衛	18
雪岑	113

タ　行

高山彦九郎	66
竹村助兵衛	87
伊達政宗	91
田中三郎左衛門	102
谷時中	17
長宗我部盛親	14
長連龍	46
鎮西八郎源為朝	116
津田永忠	66, 80-1
寺石正路	13
寺内主膳	16
土井利勝	87
徳川家継	85
徳川家綱	85, 89
徳川家宣	85
徳川家光	39, 64, 85, 89, 93, 131, 149
徳川家康	1, 14, 37, 93, 140, 149, 151, 155
徳川忠長	89, 93
徳川継友	150
徳川綱条	133, 135, 146, 150
徳川綱教	153-4, 156
徳川綱方	133

徳川綱吉	151, 153, 156
徳川斉昭	134
徳川秀忠	42, 44, 64, 149, 154
徳川光圀	63, 85, 129
徳川光貞	151, 156
徳川慶喜	1
徳川吉宗	1, 149
徳川頼重	131, 133
徳川頼宣	154-5
徳川頼房	129, 131
徳川頼職	151, 153-4, 156
徳山則秀	46
戸次廣正	46
豊臣秀吉	5, 87, 91, 113
豊臣秀頼	38, 43

ナ　行

中江藤樹	17, 64, 67
長沢潜軒	17
中野三敏	1, 4
西周	66
丹羽長重	41
丹羽長秀	46
野尻一利	65
野中兼山	13, 16-7
野中直継	15, 22-3
野中益継	15
野中康豊	15
野中良明	15
野中良平	15
野々村大學	16

ハ　行

羽地按司重家	109
羽地御殿	109
羽地朝秀	107
林羅山	17, 64
日置猪右衛門	79
東恩納寛惇	107
土方勘兵衛	40
ビスマルク	101

人名索引　185

深尾因幡	17	松平信綱	90
深尾出羽	17	松平乗寿	90
深尾主水	16	三浦為隆	152
深尾与右衛門	19	三木之次（仁兵衛）	131
福岡丹波	20-1	水野大炊	159
福原行清	46	水野重仲	154
伏見宮貞致親王	153	水戸黄門	129
保科正貞	89	源頼光	64
保科正近	88	三宅和泉守国秀	113
保科正経	102	村上義明	46
保科正光	88		
保科正之	45, 63, 85	**ヤ　行**	
細川忠興	41		
堀江景忠	46	山内一豊	14
堀尾帯刀	41	山内刑部	19
堀秀治	46	山内左衛門	19
堀主水	92	山内下総	17
本多忠刻	65	山内忠豊	20
本多忠政	65	山内忠義	20
		山内伝左衛門	19
		山内彦作	16
マ　行		山内康豊	19-20
		山鹿素行	77
前田綱紀	44-5, 56	横井小楠	66
前田利家	39	横山長知	44
前田利常	37, 39	横山康玄	44
前田利長	37	吉田栄寿尼	65
前田利春	40	淀屋三郎右衛門	80
前田利政	41	米津勘兵衛門	87
前田長種	40, 43		
前田光高	44	**ラ　行**	
前田吉徳	59		
町定静	17	頼山陽	66
松平容保	85, 103		
松平河内守実行	21		

事 項 索 引

ア　行

相対免	50
会津家訓	98
会津家訓十五箇条	86
『会津旧事雑考』	105
『会津神社誌』	105
『会津藩教育考』	86
『商人生業鑑』	5
浅井畷の合戦	41
荒高	77
按司地頭	123
按司地頭惣	122
按司地頭惣地頭	123
按司衆	121
異見	72
諫箱	69, 84
移出税	29
徒百姓	55
一領具足	18-9, 25
一領具足の反抗	15
井筒紋	158
犬千代	39
イラン産香料	58
飢扶持	71
浦戸一揆	14, 19
浦野事件	56
運上金	71
運上銀	70
運天港	116
江戸表	164
江戸切米金	139
江戸時代	1-2
江戸城の修復	8
江戸の大火	166
江戸幕府	58
江戸屋敷	160
海老沢津役銭	137

烏帽子親	89, 91
黄金の簓	115
王府機構	110
大検見の法	143
大坂夏の陣	64
大坂冬の陣	20
お抱え力士	152
掟	111
掟十五条	119
沖縄	108
お断り	9
御細工所	45
御式台寄物	137
御城米金納制度	136
御救米	165
御道具御買物師	57
御庭番	164
覚	111
覚書	152
表（外宮）	110
温故知新	10

カ　行

改作入銀	55
改作奉行	53-4
改作法	45, 51, 54
海南朱子学	17
快風丸	143, 147
偕楽園	145
課役	6
加賀征伐	41
加賀の一向一揆	51
『加賀藩資料』	47, 50
加賀百万石	38, 102
加賀蒔絵	59
家訓	101
隠し田	15, 96
荷口銭	137

笠原水道	144	組	53
貸粺	147	蔵入（地）	19, 75, 136
刀狩り	117	蔵前知行	139
門芋家数	21	蔵役	124
加能越三箇国高物成帳	56	君子	125
かぶき者	132, 134	君子の儒	66
貨幣経済	3, 9, 22, 100, 150	郡奉行	53
鎌倉幕府	37	郡奉行在出制	74
紙舟役	143	慶賀使	114
寛永の改革	72	慶長検地	120
寛永の飢饉	72	経費膨張の法則	161
灌漑用水	162	化粧田	76
漢詩	133	検見	143
感謝使	114	検見の法	49, 70
寛政の改革	85, 149	賢臣	157
間接税	29	検断	101
関東大地震	166	検地帳	120
紀伊水道	32	元和検地	50
『義公行実』	133	元和の改革	15, 20, 23
義蔵	7	倹約	75
肝煎	75	倹約政策	161-2
九州征伐	113	倹約令	7, 147
給所	75	元禄時代	3
給地農民	74	航海税	29
給人	48	公儀	74
給人制度	53	公儀御法度	72
給人渡	138	後見人	45
京銀	135	郷士	27
享保の改革	1, 149, 166	郷士制度	26
切米	138	郷士取立	34
切米切賃	137	公私論	74
切米取	21	郷中納米売付（制）	136
切米持方	80	黄門侍郎	130
勤倹力行	160	後楽園	142
銀札	161, 164	港湾整備	33-4
近世	1	石高	4, 6, 96
金納	52	石高基準	50
禁裏造営御手伝	76, 80	石高知行制	118
草高	96	国中掟	25
鯨組	32	国富	76
九谷焼	58-9	石盛	49
口米	70	『国用秘録』	142
熊野牛王宝印紙	119	小倉袴	158

御家御条目	155	閑谷学校	66
五公五民	48	七木の制	57
御三卿	154	執政	33
『古事記』	118	質素倹約（策）	121, 158-9
古物諸色払	137	指定商人	29-30
小松表	57	地頭所	121
米蔵	165	地頭所務銭	137
米経済	3, 24	士農工商	5, 9, 26, 143
御免町	28	地場産業	4, 8
御用金	130	四民制度	5
権中納言	130, 153	借財	9, 21, 78
		奢侈	159

サ　行

		奢侈禁止主義	23
		奢侈税	29
在郷逼塞制	74	奢侈品	23
在郷武士	32	社寺改革	141
財政赤字	3, 78	社蔵	7
財政改革者	4	社倉	97, 100-1
財政改革の黎明者	13	社倉制度	102
財政窮乏	21, 156	社倉法	100
財政困窮	6	朱印状	18
財政再建	9, 130	収支適合方法	11
財政の硬直性	24, 161	収入獲得行為	24
在番奉行	114, 117	重農主義	49
材木商人	31	就藩	129
先の副将軍	129	儒学	17, 64, 67, 83
作食米	55	儒教	17, 67, 126, 132
鎖国政策	143	朱子学	64, 68-9, 82
差上金	137, 161-2	酒税	24
雑税	6, 70, 78, 136-7	首里王府	117
雑税免除	144	『春秋』	11
冊封	114	『春秋左氏伝』	10
冊封体制	126	彰往考来	10
参議	153	承応の改革	73
産業の育成	33	小検見の法	143
産業復興（策）	57, 102	証人	41
参勤交代	3, 33, 155	上納金	130
三雑石（穀）切返法	137	冗費	123, 158
三司官	121, 127	定府制	129-30, 134, 138
山林伐採	34	『昇平夜話』	52
『史記』	130, 132	殖産興業（策）	31, 34
自給自足	3	織豊取立大名	48
四公六民	6, 48	諸浮役	137

事 項 索 引　　　　189

除封	39	増封運動	134
所務	97	租税徴収	49
諸役所経費	138	租税負担能力	4
諸役所納金	137	そめごり	57
『晋書』	132	尊経閣文庫	58
仁政	69, 82, 144	尊皇攘夷思想	5
仁政思想	27		
仁政主義	82	**タ　　行**	
仁政理念	73, 78		
仁政論	73	大灌漑池	163
清帝国	126	代官	124
新田開発　8, 23, 26, 28, 33, 78, 123, 150, 162		太閤検地	5, 19
人頭税	127	大庄屋制	74
親藩	94	大政奉還	1
慎間慎思	68	対等貿易	115
水路開削計画	162	『大日本史』	129
すかま銭	111	代方金	136, 138
すかま労働	111	『大猷院殿御実紀』	94
数寄屋坊主	44	高	124
性悪説	96	竹千代	39
征夷大将軍	1	種貸籾利米	137
世鑑	116	溜池	163
静座工夫	68	知行制度	139
性善説	77, 95	知行高	120
『政談』	148	知行地	72
関ヶ原の戦い　1, 14, 37, 41-2, 113, 140		知行地百姓	77
堰の構築	33	知行取	145
節倹令	144	知行目録	121
摂政	107	知行物成	77, 80
節用愛人	122	知行割	19
『摂陽落穂集』	11	知行合一	67-8
禅学	17	馳走石	7
銭貨鋳造	146	地高	26
戦国時代	6	地方知行	47-8, 139
『千載之松』	88	地方知行制	19, 72, 84
専売制　4, 30-1, 33, 142		地方取	141, 145
先憂後楽	25	『註校　羽地仕置』	107
全領検地	147	『中山世鑑』	115, 127
増言駒金利	137	朝貢制度	115
相互扶助	5	朝貢船	115
総地頭	123	朝貢品	115
増税策	6	朝貢貿易	114
贈答費	138	逃散	51, 93

徴税権	72	取次役御物奉行役	123
徴税制度	118		
『長宗我部地検帳』	19	**ナ　行**	
徴租法	50		
直接税	29, 31	内緒（内宮）	110
直接生産者	111	長崎倉	31
貯蓄米	165	南学	17, 23
直轄地	4	『南紀徳川史』	151
付家老	154	二公一民	50
償金（令）	135	日琉同祖論	115-6
潰れ百姓	92	日光東照宮	129
定租	6	『日本書紀』	118
堤防建設	28	糠藁代	70
定免	97	年貢	3, 6
定免制	55	年貢体系	54
定免法	49	年貢徴収（率）	4, 38, 48
手伝普請	3, 8	年貢負担者	83
デルフト陶器	57	年貢率	96
田方正税	136	年頭使	122
天保の改革	137, 149	農業経済	3
田方畑方正税	138	農業の振興	141
『当家系図』	66	納税法	97
東国政権	37	農村の振興	122
統制経済	30	農本主義（政策）	27, 73, 83
統治法令	124	農民支配体制	77
『土芥寇讎記』	139		
徳川御三家	89, 93, 134, 150	**八　行**	
『徳川実紀』	149		
徳川宗家	103	拝借金	135, 141
徳川幕府	2, 44, 94	廃藩置県	4, 59
特定商人	30	伯夷・叔斉伝	132
『土佐人物伝』	13	幕藩体制	1, 38, 63
土着勢力	47	幕府拝借金	144
土着大名	48	走り者	30
鳥羽伏見の戦い	59	畑方正税	136
土木税	127	伐採法	31
土木治水	27	法度	11
十村肝煎	84	花畠教場	84
十村（制）	52-4	『羽地仕置』	107, 109-10, 116, 120, 122, 125
留物令	97, 104	羽地政権	108
土免の法	70	払米	138
取肴	161	藩営商業	30
取次衆使者	122	『藩翰譜』	4, 85

藩札（発行）	78, 80, 146	封建体制	82
半農半商	3	舫夫金	137
藩屏	4	俸禄（体系）	4, 6, 96, 138
備荒貯蓄	7	俸禄米	77
備前風	69, 76	戊辰戦争	85
備蓄令	144	輔弼役	90
引越大名	47	『輔養篇』	104
百王本紀	133	本座者	47
百人衆	27	『本佐録』	52
百人並郷士	27	本朝の史記	146
百石入用図	56	本百姓	25
弘瀬浦掟	25		
夫役	21	**マ　行**	
付加税	70		
夫金	137	真木払	137
伏流水	163	町廻横目	159, 164
武芸稽古	160	町屋地子米	70
武家階級の没落	38	松平一族	43
武家社会	119	万請代	70-1
武家諸法度	7	御台所分米	138
負債額	9	水戸学	130
武士階級	2	水戸蛤	142
普請	33	港の改修	28
普請助役	20	村上検地	22
扶持米	24, 138	村御印	54, 56
扶持渡	138	『室戸湊記』	13
夫米	70	名君	63
浮役	143	明君	63
文化立国	38	明君待望論	157
分限帳	140, 145	明治維新	34, 59
文治主義	85	免	49
文禄の役	40	本山掟	24
平均年貢率	135	物成	70, 145
平均免	97	物成詰	141, 145
米納	52	物成平	74
米納年貢制	52	盛増	121
兵農分離（策）	22, 25	傳役	42
兵農未分離（政策）	18, 25		
偏諱	132	**ヤ　行**	
便宜の原則	52		
宝永の新法	146	大和国家	126
舫金	137	大和朝廷	126
封建時代	5	遊戯稽古	160

猶子	90	琉球政府	108
『有斐録』	65, 78	琉球の支配国	112
陽明学	64, 67-9, 82	琉球文化	109
豫言者	124	流通経済	38
余剰米	59	両属	114
		量入制出原則	6, 11, 135
		料木役（制度）	21

ラ　行

濫觴者	13	吝嗇	76, 163
		ルネサンス	1
李氏朝鮮	68	列伝	133
利息付貸米制度	97	連座制	32
律儀百姓	55	『論語』	10, 65, 124, 134
琉球	107		
琉球王国	110		

ワ　行

琉球王朝	108, 112		
琉球王府	125	脇地頭	122
琉球国知行高目録	120	輪島塗	59
琉球史	126	蟠り百姓	55

著 者 紹 介

大淵　三洋（おおふち　みつひろ）　Mitsuhiro OFUCHI

〔略歴〕
1957 年　静岡県三島に生まれる
1980 年　日本大学経済学部卒業
1985 年　日本大学大学院経済学研究科博士後期課程単位取得満期退学
1998 年　Visiting Research Fellow, Professor : The Institute of Historical Research, University of London
　　　　Research Scholar : The London School of Economics and Political Science, University of London
2008 年　Visiting Fellow : Adam Smith Research Foundation, University of Glasgow
　　　　Visiting Scholar : The Scottish Institute for Research in Economics, University of Edinburgh
　　　　博士（国際関係）
現　在　日本大学国際関係学部教授

〔主たる著書〕
『経済学の基本原理と諸問題（増訂版）』（編著）八千代出版、2013 年
『イギリス正統派の財政経済思想と受容過程』（単著）学文社、2008 年
『イギリス正統派経済学の系譜と財政論』（単著）学文社、2005 年
『古典派経済学の自由観と財政思想の展開』（単著）評論社、1996 年
『近代財政経済の理論とその展開』（共著）評論社、1986 年

〔主たる訳書〕
グローブス, ハロルド・M. 著『租税思想史——大ブリテンおよびアメリカ合衆国における200 年間にわたる租税思想——』（共訳）駿河台出版社、1984 年
ヒースフィールド, デイヴィッド編著『現代インフレーション理論の展望——モデルと政策——』（共訳）日本経済評論社、1984 年

近世諸藩における財政改革
──濫觴（らんしょう）編──

2018 年 3 月 30 日第 1 版 1 刷発行

著　者─大　淵　三　洋

発行者─森　口　恵美子

印刷所─壮　光　舎　印　刷 ㈱

製本所─渡　邉　製　本 ㈱

発行所─八千代出版株式会社

　〒101
　-0061　　東京都千代田区神田三崎町 2-2-13

　　　TEL　　03-3262-0420

　　　FAX　　03-3237-0723

　　　振替　　00190-4-168060

＊定価はカバーに表示してあります。

＊落丁・乱丁本はお取替えいたします。

ISBN978-4-8429-1724-5　　　　　　©2018　M. Ofuchi